增长的动力

[荷] 西奥 · 范德克伦德特◎著
(Theo van de Klundert)
刘文祥 方伶俐◎译

中信出版集团 | 北京

图书在版编目（CIP）数据

增长的动力 /（荷）西奥·范德克伦德特著；刘文祥，方伶俐译 . -- 北京：中信出版社，2020.1

书名原文：Capitalism and Democracy:A Fragile Alliance

ISBN 978-7-5217-0737-3

Ⅰ . ①增… Ⅱ . ①西… ②刘… ③方… Ⅲ . ①资本主义经济—研究 Ⅳ . ① F03

中国版本图书馆 CIP 数据核字（2019）第 121110 号

增长的动力

著　　者：[荷] 西奥·范德克伦德特
译　　者：刘文祥　方伶俐
出版发行：中信出版集团股份有限公司
　　　　（北京市朝阳区惠新东街甲 4 号富盛大厦 2 座　邮编　100029）
承 印 者：北京盛通印刷股份有限公司

开　　本：880mm × 1230mm　1/32　　印　　张：8.5　　字　　数：180　千字
版　　次：2020 年 1 月第 1 版　　印　　次：2020 年 1 月第 1 次印刷
京权图字：01-2018-3593　　广告经营许可证：京朝工商广字第 8087 号
书　　号：ISBN 978-7-5217-0737-3
定　　价：55.00 元

献给米歇尔，纪念那些某种方式、某时和某地

目　录

前　言 / 001

导　论 / 007

第一部分　历史视角下的经济理论

第一章　新兴的市场

一、大转型 / 003

二、财产权保护 / 010

三、制度的协调性 / 019

四、评价 / 027

第二章　重新审视政治经济学

一、总体情况 / 032

二、抽租模型 / 037

三、美国经济史 / 047

四、评价 / 055

第三章　增长的引擎

一、从外生到内生的技术变化　/　058

二、通用目的技术　/　065

三、鉴赏理论　/　071

四、评价　/　082

第四章　追随领先者

一、复制技术　/　085

二、赶超和制度　/　092

三、结构转型　/　100

四、评价　/　107

第二部分　理论视角下的历史发展

第五章　长波理论

一、衡量、记录、解释　/　115

二、金融不稳定假说　/　127

三、划分资本主义　/　135

四、评价　/　139

第六章　两个大陆的故事

一、进取和追赶　/　144

二、福利国家　/　153

三、资本主义的多样性　/　163

四、评价　/　170

第七章　世界经济

一、条件趋同　/　174

二、结构主义　/　184

三、增长放缓　/　191

四、评价　/　198

第八章　陷入困境的民主

一、政治三难困境　/　202

二、欧洲一体化　/　210

三、新兴国家和世界经济　/　216

四、评价　/　219

结　论　/　223

参考文献　/　233

前 言

本书可以说是我终生学习的成果。我从 17 岁决定并开始学习经济学到如今已有 60 年之久，但我仍然着迷于该学科领域中的新发展与新成果。20 世纪五六十年代，新古典经济学派主宰了整个学术界。起源于此的经济增长理论，对真实世界做了相当乐观的描绘，从中看来只要有足够的储蓄就能够确保实现充分福利。后来，不得不对这一幅图景进行完善。通过深入观察发现，技术发展并不像新古典学派的增长理论所预设的那样不证自明。基于科技进步内在地决定经济条件的假设，将会出现一系列全新的研究成果。

在我职业生涯的初期，我主要的研究兴趣是经济增长理论。正如在诸多作品中呈现的那样，其中最重要的著作之一已被重印，即斯雅克·斯马尔德斯（Sjak Smulders）编著的《历史视野下的经济增长理论：西奥·范德克伦德特精选集》。虽然偏离主题，但我还是要提及我于 1961 年完成的第一部学术作品（不像我大多数研究那样）所关注的一种局部寡头垄断的分析。本书第七章将以该文阐明我们的观点经得起考验，而非激发读者的好奇心。

回到经济增长过程本身，我可以判定，以新古典主义认同的模式来介绍内生性技术变更，并不是故事的终结。经验研究揭示出技术发展毫无规律可寻。以通用目的技术（GPT）的形式导入复杂系统，可能会引起长波效应，后者会带来影响广泛的社会后果。新的财富得以创造，这是新技术引发的创造性破坏性力量也可能与其他领域的贫穷并存。

上述观点激发了人们对资本主义更加深入的探究。卡尔·马克思以及后期的约瑟夫·熊彼特都强调资本的积累会产生严重后果。尽管我知道这两位经济学家所做的分析存在的缺陷，但这些思想仍然能够激发我的研究兴趣。马克思与熊彼特都预言资本主义体系终将崩塌，但现实情形却与他们的设想有较大偏差。在经历了多次危机之后，资本主义总是基于情境要求，通过改变游戏规则以各种方式幸存了下来。与其同时代的人相比，卡尔·波兰尼（Karl Polanyi，1944）对资本主义的实质认识最深刻。然而，新古典主义时代正好赶上了长波理论中所谓的经济上行周期，并不关注分析资本主义体系。甚至约翰·肯尼思·加尔布雷思（John Kenneth Galbraith，2004）在其最新出版的著作中也提及，“资本主义”这一术语的使用频率现在越来越少了。

20 世纪 90 年代见证了由诺贝尔奖获得者道格拉斯·诺斯（Douglass North，1990）等人发起的制度经济学的复苏。制度经济学阐明了新古典经济学理论的缺憾，进而为重新评估资本主义建构了平台。在我以荷兰语出版的 *Vormen van Kapitalisme* 一书中，重点研究了不同历史情境下制度的相关性。然而，这一路径并不完善。制度作为人为的产物，往往取决于社会中政治力量的分配。

在这一点上，我们可以回到马克思的研究，但关于阶级斗争的观念必须被更为广泛的其他意见所替代。在西方民主社会，公民拥有平等的权利，但这并不代表每个人对于政治领域都能产生同等的影响。经济收入和经济实力可被用来获取政治权力。因此，历史上各种经济精英都面对公民群体，而公民群体必须解决集体行动的问题。由此形成的权力制衡状态非常依赖经济环境。在经济深度衰退或者大萧条时期，大多数人通常倾向于强化调控力度。相反，如果大范围调控阻碍了创新发展，人们对经济自由的呼声可能更为响亮。

当代政治经济学中，一些有趣的数学模型得以建构来阐明经济学对政治的影响力，然而尚未形成标准的形式。从这个意义上来说，该理论并未达到新古典经济学理论分析的标准。而新古典经济学理论的各种研究成果都建立在统一的基础之上。尽管如此，政治经济学以及制度经济学的根本理念都在本书写作中给我带来启发。同时我也相信这些理念对于理解近期的经济危机会有所助益。

对于资本主义的综合分析应当将焦点放在不同国家，这也会激发对诸多问题的思考。经济落后的原因是什么？不同国家在什么条件下才能够处于赶超领先的经济体或者实现跳跃式发展的阶段？对这些问题的回答，需要再次诉诸制度经济学。随着时间的推移，发展中国家的赶超也会对全球政治力量的分配产生重要的影响。这可能意味着世界应对经济危机的方式，以及稀缺资源（包括气候变化）的分配将不再被赋予典型的西方属性。因此探究不同的资本主义类型是否具备可行性问题也是有必要的。正如对用米歇尔·阿尔贝尔（Michel Albert，1991）提出的通行术语来讨论盎格鲁–撒克逊模式和莱茵模式之间的相关性那样，这并非是一个新议题。在这方面，我们的分析是以 *Vormen van Kapitalisme* 一书的讨论结果为基础的。这种多元化从长远看来是否可行还有待研究，但该问题仍然是具备开放性的。

在本书写作过程中，我受益于同在蒂尔堡大学工作的多位同事所提出的批判性和建设性的评价意见。亨克·范盖默特（Henk van Gemert）、艾德·范德格威尔（Ad van de Gevel）、托恩·范斯海克（Ton van Schaik）、斯雅克·斯马尔德斯和马丁·范图埃尔（Martin van Tuijl）阅读了本书初稿的所有或者多数章节。我对他们就如何改进书稿所提出的极具价值且深刻见解的问题与建议，表示深深的感谢。本书最初计划以荷兰语写成，因为这样我就能够确保借助一门语言充分呈现我所能阐述的内容。这最初的方案的确可以方便我利用母语创作的优势，但经过讨论，为了使本书能够面对更广的受众，显然变更语言更为可取。特别感谢马丁·范图埃尔和斯雅克·斯马尔德斯在将本书译为英文的同时使其保持了原书的原貌。通过对比文本回顾可以看出，英文版本是更好的，这是因为翻译的过程也使我有机会在经济学著述中更有效地表达观点和更好地措辞。当然，对本书仍未改正的错误和不足之处，都由我本人负责。

数字革命在我人生中出现得并不算早，因而在文字处理和图形建构上获得他人的帮助尤为必要。柯丽娜·马斯（Corina Maas）、艾拉·米诺兹（Ella Muñoz）、米利亚姆·施尔米（Mirjam Schermij）竭诚地帮助我进行文本处理，他们具备专业实力并做出很大贡献。如果没有他们的不懈努力，本书就不能得以出版。同时，我也非常感激蒂尔堡大学经济学系为我展开研究提供的必要设施。

后期出版事宜进展是否顺利非常关键。蒂尔堡大学的斯雅克·斯马尔德斯，以及马修·皮特曼（Matlhew Pitman）与伊丽莎白·克莱克（Elizabeth Clack），爱德华·埃尔加出版社的编辑帮助我度过了这个紧张忙碌的阶段。对此我深表谢意。

语言无法表达我对妻子的感恩，她在本可享受安逸的时光里全力支持我的写作。我也将本书献给我的大儿子，如今他比任何人都值得受到更多的呵护。

导 论

从经典到当代的比较政治经济学的理论当中，有一个问题为很多学者所思考，那就是如何将资本主义和民主结合起来。

——托本·艾弗森（Torben Iversen，2006）

主要问题

艾弗森的问题在本书居于核心地位。他对民主和资本主义之间的摩擦做出了如下解释：资本主义在收入和财富分配上产生极为不平等的结果，而民主制度按照一人一票的原则，以平均主义划分政治权力。多数人可能会投票支持重新分配收入或财富，使其从富人流向穷人。然而富人会通过质疑多数人的政治权力，或者削弱多数人的经济力量等方式进行阻止。这个对抗过程的结果非常严重，甚至可能影响资本主义体系的生命力。

针对上述解释，我们还需要注意另一个问题。艾弗森诉诸政治经济学，而经济学（正如该学科通常称谓的）并不关注收入与财富的分配。主流的新古典经济学理论将重点放在生产要素的有效配置上，并将经济主体的偏好纳入考量范围。谁拥有这些生产要素并获取要素收益，在该理论中并不具备相关性。

为了解读为何资本主义产生不平等，另一种研究提供商品和服务过程的方法也有所助益。资本主义意味着资本的所有者能够自由组织生产过程，从而尽可能获取最大化的利润。而且，由于资本的竞争迫使资本家革新生产方法或者生产过程，从而暂居垄断地位。他们通过各种机会利用技术可能性以及企业组织的规模经济，使这个过程不断得以强化。并不是每一次创造利润的努力都可以获得成功，而且现存的经济模式可能被新的经济模式超越。上述情形被视为“创造性破坏”行为。在持续积累资本的过程中总会有赢家和输家。后者则通常会尝试改变命运，那么问题随之而来：他们会采取何种方式变革发展的进程。

正如上文所言，通过政治体系重新分配收入是可能的。然而，该问题应放在更加广泛的视野下来解读。资本毫无止境的积累会受到一系列规则的约束，这些博弈的规则由法律、惯例和信念组成。这些对经济活动的制约规则通常被视为经济制度。制度经济学分析这些博弈的规则制约资本积累、经济增长和收入分配的方式。在长期的静默之后，制度经济学重获其曾经享有的主流地位。然而，这种方法并不足以解决问题。制度作为人为的产物，其形成的进程必须予以探讨。该任务使我们重回政治经济学的关注范围。

政治经济学的重要经验之一，即资本主义和民主制度相互影响。经济制度和收入的再分配是依据政治权力的分配而决定的。政治权力依靠现有的政治制度，如宪法和议会投票规则，以及拥有大量财富的经济主体在政治权力中的投资。如果经济制度能够以有利于投资者的方式变革，那么这种投资或许就是有利可图的。投资政治权力可采取形态各异的方式，历史上就有地主从劳工手里购买选票的例子。在当代，资本家可能资金上支持不同政党，例如通过投资其青睐的项目或者资助对政治家和公务人员的游说活动。此外，资本家可能会投资有利可图的公共传媒渠道，同时他们对以自己喜好的方式来影响公众舆论也有着重要作用。而且，加入经济或者政治精英群体很可能回报颇丰。发展在商界与政界的高层职位人士聘用中的制度安排是实现这种合作的一种方式。

需要说明的是，并非所有的经济制度在短期之内都能得以调整。这里有特定程度的路径依赖，意指不同国家的经济制度差异在某种程度上是各国以往决策的结果。因而，历史性制约条件必须在政治经济学中纳入考量。在这种关联中，有必要明确资本主义体系仍然处于初期阶段，它伴随着 1750 年以后在英国发生的工业革命而产生。在此之前，经济活动都内嵌于社会关系当中。卡尔·波兰尼（Polanyi，1944）将把社会划分为经济领域和政治领域的情形称为“大转型”，为自我调节的市场机制奠定了基础。相对于如今更为通行的“资本主义”这一术语，波兰尼更倾向于后者。

通过保障商人和企业家的财产权利而非依赖充分发展的民主机制，工业革命才得以发生，这是一个重要的见解，资本主义与西方民主政治体制是否必须共存，并不像最近的一些发展案例所表明的那样是必要性问题。经济在没有西方民主政治体制支持的前提下高速发展，也是有可能的。财产权利的保障在任何情形下都是经济发展的必要条件。

达尔文式竞争的资本主义积累为西方世界带来了高水准的福利。与此同时，一种不受控制的资本主义形式则具有内在的不稳定性。这不仅事关金融不稳定性，而且还有更深刻的原因。资本持续积累背后的力量强大到足以侵蚀社会的道德基础。创造性破坏的过程产生的影响不仅仅是淘汰了夕阳产业。市场机制需要一些监管形式，这也是波兰尼（Polanyi，1944）所称的“双重运动”的一部分。一方面，为了市场机制的繁荣，资本家和企业家需要有试错与变革的自由；另一方面，由于持续资本积累的危害性，社会必须进行自我保护。在资本主义制度下，如何解决这种内在的紧张关系必须通过研究经济史来诠释。然而，我们在这一点上遇到了方法论的问题。正如约瑟夫·熊彼特（Schumpeter，1942）强调的那样，纯粹进行事实描述而不适用严格的经济理论的成果是不够的。按照熊彼特的观点，还要必须确定“经济理论如何转换为历史分析，以及历史分析如何转换为合理叙事”。由于没有可以遵循的规则，这项任务并不简单。

根据卡尔·冈纳·佩尔松（Karl Gunnar Persson，2010）的观点，经济史通过研究市场、财产权利和经济主体的激励机制，探究制度的效率问题。对效率考量的重要性不言而喻，诸多制度体系都是生产方式有效配置的推动力量。然而，正如佩尔松设想的，经济史的概念过于狭窄。拥有政治权力的特殊利益集团可能会基于自身利益的考量，从经济领域的生产部门提取租金。而且，与收入分配相关的社会冲突是构成现实生活的重要部分。不仅如此，制度起源问题需要探讨，其中构成该问题的历史条件也必不可少。为了在此方向有所推进，艾弗森（Iversen，2006）强调了资本主义经济结构中根本性力量的观点。这项研究被称为“新结构主义”，此研究的成功“依赖于将明确的历史性制约与严谨的理论化建构谨慎结合起来”。（Iversen，2006，p.618）

基于上述观点，我们进一步导入了辩证法。本书第一部分将从历史视角探讨对理解资本主义发展的相关经济理论；在第二部分，我们的研究重点在于从理论视角分析历史发展。第一部分的结论被用来解释目标历史事件。每个部分包含四章。从两方面解读如何整合资本主义与民主制度这一重要问题：第一，我们将在资本主义主导国家的语境下分析波兰尼提出的双重运动。这里的主导是以技术术语来界定的，主导国家能够开拓技术前沿，在此意义上代表资本主义最为先进的范式。第二，我们将探索世界不同国家和地区引入资本主义的效果。工业革命始于英国，而其他欧洲国家也在适当的背景下紧随其后，世界其他国家的工业化进程则经历了更长的等待。当然，这也意味着它们可以效仿和借鉴领先国家的技术与制度。赶超过程是会导致统一的全球化模式，还是会带来各种经济与政治体制下不同国家的多元化资本主义模式，这是值得深入考察的重要议题。

章节概述

为了阐明本书的结构，这里对本书的各个章节进行简要概述。第一部分着重考察了若干经济理论。第一章讨论了资本主义的起源。波兰尼概念体系中的术语“大转型”的提出，这代表了与政治统治者保持了距离，并自我调节的市场机制的开端。就像阿夫纳·格雷夫强调的，为消除财产被征收的可能性，就必须确立具有强制约束力的制度。此外，还需要合同履行制度来规范生产和贸易行为。合同履行制度或者由私人自行设定，或者在政府强制实施特定规则时，赋予该制度以公共属性。上述两种制度的恰当组合能够推进市场机制的繁荣。然而这并非事情的终结，自工业革命以来，资本主义的发展都建立在技术变革与创造性破坏的基础之上。那么，事态可能会超出预期。投机、不平等和排外等现象可能会摧毁市场机制的稳定性，从而要求确立额外的调控措施。这暗示着双重运动存在波兰尼的观点当中，表明了经济学的理论建构特征。财产权利和企业自由对于培养创新和推进经济增长是必要的。但是，过度的自由会导致越轨行为，从而亟待合理规则的协调。

第一章的讨论明确了经济活动和政治决策具有内在关联性。为了阐明这种共生关系的意义，我们必须转向政治经济学领域。正像爱德华·格莱泽（Edward Glaeser，2005）洞悉的那样，“经济对政治的影响不亚于政治对经济的影响，这一见解居于政治经济学的核心”。第二章致力于对该领域的概述。从总体上定位了社会生产方式的分配进程之后，我们开始讨论政治经济学的形式模型。在达龙·阿西莫格鲁（Daron Acemoglu，2009）的研究中，生产要素的配置以及随后的收入分配取决于政治体制。主导经济运行的精英人士将通过对经济生产活动征税来收取租金。在弗朗索瓦·布吉尼翁（François Bourguignon）和蒂埃里·维迪尔（Thierry Verdier，2010）的解读中，相对于纯粹的政治精英来说，商界精英甚至会收取更多的租金。商界精英也可能会在国家能力建构和提升等方面投资，从而提升租金收取当中的收益。在可能的失去权力的情形下，精英会采取措施避免政治权力向工人转移。当精英与工人之间的政治权力以随机模式发生转换时，分析过程会变得更加复杂。在达龙·阿西莫格鲁和詹姆斯·罗宾逊（Daron Acemoglu and James Robinson，2008）的模型中，随机性政权更迭在有工人剥削现象的寡头政治体制，以及工人根据边际产量获取薪金的民主制度之间发生。这种更迭在特定程度上类似波兰尼总结出的双重运动。然而，以资本积累和技术变革形式呈现的资本主义的动态力量，并未纳入研究视域。为填补空缺，我们会讨论美国经济史。通过呈现资本积累不受制约的财阀威权时期与存在更多市场调控的民主时期之间的交替过程，双重运动的关联性得以阐明。总而言之，模型化与描述性这两种方法，可以说都以其各自的方式诠释了政治经济学中的关键议题。

技术变革是资本主义体制下资本积累和增长的主要推动力量。在第三章中，我们将考察分析上述现象的不同方法。传统的新古典经济增长理论中，技术变革被视为外生要素。在新近的文献中，技术变革则被诸如做中学和研发投入等要素所诠释。然而，在多数模式当中，技术变革呈现为平稳的过程，因而伴随关键变量保持恒定增长率的平衡增长路径能够被获取。骤然将通用目的技术纳入考量时，这种可靠的图景会发生剧烈变化。一项通用目的技术就是一项技术创新，其形式表现为生产创新、产品创新或者激发强大潜能的组织突破，引发诸多其他技术应用以及向其他部门技术外溢。像埃尔赫南·赫尔普曼和曼纽尔·特杰腾伯格（Elhanan Helpman and Manuel Trajtenberg,1998）的模型所呈现的，一项通用目的技术的引入可能会导致暂时的增长放缓，因为需要建构新的生产活动的集合。在该模型中引入新的通用目的技术要求生产相关的投入要素，而这也需要时间。然而，该项技术的出现会导致日常生活中许多方面的变化，例如资本积累、教育事业、基础设施和公司治理等。此外，引入通用目的技术要随着时间的推进遵循特定模式，而通过逻辑曲线的方式可以阐释这个过程。通用目的技术之间也可能重叠或者相互强化。简言之，为了理解通用目的技术的完整意义，一种描述性分析，或者在理查德·利普西、肯尼思·卡劳以及克利福德·贝克尔（Richard Lipsey，Kenneth Carlaw and Clifford Bekar，2005）的术语体系中值得赞赏的理论化分析，再次占据了非常重要的地位。

对于落后经济来说，技术变革在很大程度上受赶超领先国家的进程所主宰。正如第四章将讨论的，赶超意味着人均 GDP 的增长率超过技术领先国家。随着该过程的推进，后发经济的增长率会逐步回落到领先国家所达到的水准。尽管如此，如果最初落后经济国家未能适时满足适应性要求，这种趋同性依据人均 GDP 水平可能仍然是不完备的。这种情况在达龙·阿西莫格鲁、菲利普·阿吉翁以及法布里奇奥·奇李博迪（Daron Acemoglu，

Philippe Aghion and Fabrizio Zilibotti，2006）所建构的模型中得到了阐明。为了实现完善的经济趋同状态，依然后进国家必须及时从以投资为基础的策略转为以创新为基础的策略。前者建立在长期关系和大规模投资项目的基础之上；而对于后者来说，选择具备创新能力的经理人则构成经济活动的核心。转向以创新为基础的策略的决定由强调利润最大化的资本家做出，而制度也在背后发挥着制约作用。

政府可能通过补贴或者限制竞争的方式，使以投资为基础的策略更具吸引力。更少的竞争意味着更高的利润和缺乏主动调整策略的理由。后进经济体须应对的问题，要远比宏观经济手段所表现的更加庞杂。产业结构和生产要素的流动性的转型，都必须得以展开。政府可能再次因为促进上述转型的需要而扮演重要角色。然而，这里还要强调一旦制度在失效时，就需要不断调整。上述举措的落实依赖于政治团体以及相关组织拥有的政治权力。

在第二部分，资本主义世界的历史发展构成首要议题。第五章考察了约 50 年长波效应的存在、意义和影响，其“存在”问题仍有很大争议。如果想要说明长波效应是构成资本主义发展的关键因素，这里有两种研究方法。最直接的方法是将统计技术应用于宏观经济数据的时间序列当中，从而鉴别出循环模式。而此方法最近的一个例子是由安德烈・科罗塔耶夫以及谢尔盖・泽瑞（Andrey Korotayev and Sergey Tsirel，2010）所做的研究，他们采用频谱分析技术，将世界产量增长率的时间序列分解为不同幅度和长度的周期。他们发现从 1820 年到 2007 年，可以辨别出五个长波或者他们所称的“康德拉季耶夫周期”。然而，直接方法对于导致康德拉季耶夫周期的因素的探索并无助益，而且，通过使用世界产量的增长率来验证长波效应存在的假设，显得非常牵强。辨识长波的间接方法克服了上述不足，其根本理念是技术变革导致了长波效应。这就意味着为了发现长波效应的证据，就必须关注技术领先国家的发展；同时也意味着追溯塑造前沿经济史的技术特征非常重要。克里斯·弗里曼和弗朗西斯科·卢桑（Chris Freeman and Francisco Louçã，2001）运用技术创新集群、渠道分支、核心投入、基础设施和组织变更等概念来辨识长波效应。他们还区分出五种康德拉季耶夫周期。卡萝塔·佩蕾丝（Carlota Perez，2002）得出了相似结论，而其观点的不同之处在于对周期起止的时间节点划分上与其他学者的观点不同，而且强调长波是引入具备第三章所探讨特点的通用目的技术所导致。

在另一种方法中，海曼·明斯基（Hyman Minsky，1964）的金融不稳定假说诠释了长波效应的存在。依据该理论，企业和银行会在经济繁荣时期处于极度乐观的立场。由此招致的大量债务会产生资本泡沫，后者则会在现实经济呈现萧条征兆时爆发。理想的做法是技术革新与金融不稳定假说应当结合起来。然而，截至目前仍没有什么令人满意的有效举措，但佩蕾丝却基于通用目的技术的出现，尝试将金融发展纳入研究。就此而言，虽然长波效应的存在尚无定论，但不同的理论和经验观察揭示出资本主义体制以长期的不稳定形式为特征。这一点基于第二章所得出的结论，已经被资本主义的周期性规律所确认和证实。现实经济的周期循环模式也可以在政治领域有所反映，因而构成了波兰尼意义上的“双重运动”。

第六章对欧洲和美国的资本主义发展进行了比较。20 世纪初前后，技术领先地位从英国移至美国。在佩蕾丝所提到的第三次经济飙升时期（1875—1928 年），英国并未投资像电力、钢铁和化学等新的工业部门，而其他欧洲国家的工业化进程开展得更晚。经济大萧条和第二次世界大战使欧洲国家在生产效率（每小时产量）上与美国拉开差距，而对技术领先国家的赶超从 1950 年以后才开始。同时，随着欧洲多国的工会和社会党派获得政治影响，欧洲的政治权力开始倾向于左派。根据阿尔伯特 · 艾莱辛那和爱德华 · 格莱泽（Alberto Alesina and Edward Glaeser, 2004）的观点，这是第一次世界大战后动荡局面所带来的后果。因此欧洲出现了以转移支付和社会保险的形式，实施财富在不同收入人群之间再分配的福利国家。关于欧洲不同国家在再分配领域的差异说明资本主义的运作可以采取不同的方式。然而，就“资本主义多元化”主题展开的讨论，主要还是处理经济活动合作化的差异问题。

彼得 · 霍尔和戴维 · 索斯凯斯（Peter Hall and David Soskice, 2001）通过区分自由市场经济和协调型市场经济奠定了理论基调。在自由市场经济中，公司治理和劳动关系领域的合作建立在竞争性市场模式基础上；在协调型市场经济中，合作在很大程度上建立在不完全契约、网络监控与协作关系的基础上。自由市场经济的国家由盎格鲁 - 撒克逊国家组成。与之相反，协调型市场经济的国家则由西欧大陆国家和日本组成。经济学著作中有大量关于这个基本问题的讨论，即欧洲大陆模式（也被称为莱茵模式）是否在宏观经济语境下比在不受制约的市场经济语境下的盎格鲁－撒克逊模式表现更差。经验研究并没有得出确定的结论，然而，上述讨论与第四章中关于从以投资策略为基础转向以创新策略为基础（而经济趋同也在同时发生）的问题同样重要。因而，其核心议题是，一旦创新成为经济扩张的主要力量，资本主义经济是否应当严格地按照自由市场经济的结构进行规划。

第七章分析了世界范围内的经济赶超。在以大样本分析研究20世纪后半叶不同国家的赶超进程时，充分考量了需要纳入各项的条件并未在宏观经济水平上看到无条件趋同。巴里·博斯沃思和苏珊·柯林斯（Barry Bosworth and Susan Collins，2003）提供了一项最新的信息，指出经济趋同最终依赖于单个国家最初的经济发展状况。与之相反，玛格利特·麦克米伦和丹尼·罗德里克（Margaret McMillan and Dani Rodrik，2011）则指出无条件趋同也会出现于生产部门。麦克米伦和罗德里克将分析限制在近期密集的全球化进程，即从1990年到2007年，并采用了仅含38个国家的样本范例。因为生产部门显示出相对较大规模的生产率提升，经济发展就主要由这些部门的扩展而带动。如果劳动力从高生产率的部门转向低生产率的部门，那么整体的经济增长就会受到打击。麦克米伦和罗德里克认为拉丁美洲与非洲的例子就印证了这个结论，而亚洲则基于结构转型提升了经济增长率。通过相应国家遵循的政策，就能够解释上述不同。比如，有些政府希望使其最具活力的部门在世界市场获得竞争力，而通过寻求有效方式以达到上述目的。与之相反，在拉丁美洲和非洲，实际汇率高估造成传统行业利润缩减，而在世界市场上，传统行业的利润空间本身就非常有限。

赶超过程伴随着自我约束，经济增长率也会逐步下跌。巴里·艾肯格林、朴东炫和申宽浩（Barry Eichengreen，Donghyun Park and Kwanho Shin，2011）基于大量不同国家的样本，预估大幅经济增长的概率下降。这种概率下降依赖于人均 GDP 以及若干其他变量，例如贸易开放、支出结构和下跌前的增长率。将此结论应用于中国，可以发现中国未来面临经济增长下降的可能性为 73%。而这种判断并不符合其他经验研究结论，后者认定在可预见的未来，中国经济会保持高增长率。发展中国家是否会开始或者继续赶超领先国家，这一问题非常重要，原因主要在于其对全球范围内权力平衡与国家合作所产生的影响力。

第八章探讨了国际合作的模式以及民主的意义。在丹尼·罗德里克（Dani Rodrik，2011a）看来，各个相关国家要在三种可替代方案中做出抉择。全面自由市场意义上的全球化可以通过两种方式得以实现。第一，相关国家可以就某些事务与相关组织展开合作。第二，全球化可以与民主发展受到制约的民族国家相结合。第三种可替代方案，就是杜绝罗德里克所称的超全球化来挽救民主。在第三种情形下，特定国家遵循“薄弱”或者“完整”的全球化路径，意味着各个国家强调维护其自主的社会安排、规则与制度的权利。那么国际经济布局的目的就是确立相应规则，来协调不同国家制度的冲突与重叠。最大的问题当然就是，相关国家是否拥有该选项或者它们是否接受国际竞争压力下的超全球化，其中的各类相关要素由围绕欧洲经济一体化问题而得到部分诠释。在这方面，欧洲货币联盟的执行力会激发我们的兴趣。没有政治统一的货币联盟或货币区域将不可避免地面临很多麻烦，尤其是当欧洲货币联盟核心国家以及周边国家面对多样化价格水平的时候。由于周边国家过高的价格水平，真正的问题就体现为竞争力的缺乏。这意味着债务危机在实质上就是 GIIPS 国家（希腊、意大利、爱尔兰、葡萄牙和西班牙）的收支平衡危机。汉斯 – 维尔纳 · 辛恩（Hans-Werner Sinn，2011）提议在这些国家采取相应措施来恢复其市场自治并提供临时性帮助。然而，真正能够有效拯救欧元的举措，可能正是欧盟协助其成员履行部分角色，例如，对所有欧盟成员实施财政硬约束等。在特定程度上，在欧盟语境下已经出现了上述举措。实际上，就像查尔斯 · 萨贝尔与乔纳森 · 泽特林（Charles Sabel and Jonathan Zeitlin，2007）提出的，欧盟已经处于“试验式治理模式”的新阶段。就此来说，欧洲可以被视为探索国际合作新形式的先行者。

第一部分　历史视角下的经济理论

第一章　新兴的市场

一、大转型

市场是始终存在的。但将产品的生产、配置与分配过程在市场机制起决定性作用却始于英国兴起的第一次工业革命。卡尔·波兰尼将其称为“大转型”。此后，市场再未被嵌入社会关系中。相反，自这场彻底的转型后，市场机制开始决定社会关系。

波兰尼的观点部分来自人类学研究。他将其所指称的经济一体化的不同形式区分开来。经济一体化与产品生产、配置和分配过程的组织方式，以及经济活动的协调方式有关。在第一次工业革命以前，所有的经济制度，要么是依照互惠性原则或再分配原则而组织的，要么是依照这两个原则的某种组合而组织的。互惠性原则依赖信息对称性环境下的物品交换，再分配原则以能够协调经济活动的中央权力为前提。源自物品所有权的利己性和地位就没那么重要了，正如下面这段话所清楚表明的。（Polanyi，1944，p.57）

在这一框架之内，人们通过受到一般行为准则约束的多种多样的个人动机来确保物品的有秩序生产和分配。在这些动机中，利润动机并不显著。风俗习惯、法规与巫术、宗教共同作用，促使个人遵守行为准则，而行为准则最终确保了个人在经济制度中发挥作用。

批评家声称波兰尼对原始经济制度赋予了过高的重要性，例如，西美拉尼西亚（Western Melanesia）的特罗布里恩德群岛（Trobriand Islands）上的物品交换。这些岛屿大体上形成了一个环状的群岛，从而决定了建立在互惠性原则上的贸易。另一个有关原始经济制度的例子，则与古巴比伦王国和古埃及王国的官僚主义再分配有关。这些经济制度的运行过程与工业革命前夕的英国经济情况差别极大。在英国商业制度中，许多人都从商品贸易中获利。尽管如此，对波兰尼来说，重要的是，这些市场都是由统治者或一些组织，如中世纪的行会控制的。

另一类批评则与波兰尼关于人的观点有关，许多批评者认为波兰尼关于人的看法过于浪漫。互惠意味着慷慨和大方，但市场制度强调自利和理性计算。根据批评家对波兰尼的批评，自利性以及对利润的追求在古代就已经发挥了重要作用。然而，波兰尼认为，市场制度或称其为资本主义，并未从根本上改变人。因为最终决定人类行为的动机取决于正在起作用的经济一体化制度。这一制度既会激励某些动机，也会压制其他动机。

市场制度一旦运行，就会产生自己的动力。根据丹尼尔·弗里德曼（Daniel Friedman，2008）的观点，存在一种由两个部分构成的双重正反馈制度。这种双重制度的第一个构成部分涉及市场和创新的关系。最新发明的应用使市场能够发挥作用。反之，市场激励创新行为：“在传统的君权国家中创新通常受到压制，但是在欧洲，创新得到了越来越多的富人的支持。”（Friedman，2008，p.52）第二个构成部分是与市场力量和道德行为的关系有关。道德行为，如努力、准时、理性，以及对权威的怀疑，这些道德行为得到鼓励，将加强市场的良性运行，这又将激励市场的运转。“新兴道德品行的普及，既能促进新市场制度，也能受到新市场制度的影响。”（Friedman，2008，p.55）令人瞩目的是，弗里德曼追随马克斯·韦伯的观点，强调美德，同时认同亲社会行为而忽视强调自利性。

在波兰尼的视角中，自动调节的市场是广泛存在的。这意味着土地、劳动和资本都转换为他提到的虚构商品。尽管如此，这一转换的结果带来了紧张和反抗。事实上，按照波兰尼的看法，市场制度无法保护自己，“我们的论点是一个自我调节的市场概念，意味着一个十足的乌托邦。在不消除社会的人性和自然本质的情况下，从时间上来说，这种制度根本无法存在。它在物质上会毁灭人类并把人类的环境变为一片荒野”。（Polanyi，1944，p.57）

讨论这个问题时，波兰尼并未将自己限制在收入分配的不公平中。他也分析了其他不同种类的破坏情形。本着托马斯·霍布斯的精神，不受约束的市场力量将导致“一切人反对一切人的战争”。反抗不仅来自工人阶级，而且还得到其他阶层更广泛的支持。这意味着对市场制度的运作而言，“双重运动”是决定性的。一方面，人们做出努力，旨在激励自我调节的市场。波兰尼将 18 世纪 90 年代共同农业产权的圈地运动和 1834 年英国《济贫法》改革视作引人注目的例子。另一方面，调节市场制度证明是有必要的。这种调节是市场制度的内在性质，正如社会的自我保护也是双重运动的一部分。例如，对妇女和儿童的就业限制、工会日益扩大的影响，以及成立英格兰银行作为“最终贷款人”。

波兰尼的著作与马克思的所有著作存在极大的相似性。实际上，正如弗莱德·布洛克（Fred Block，2003）所言，波兰尼最初是属于马克思主义传统的。尽管如此，在波兰尼构思著作《大转型》的同时，也在逐渐调整自己的视角。甚至直到调整使用的术语时，他仍在调整自己的视角。他用市场经济取代资本主义一词。而且，他完全没有参考借鉴“生产的力量”与“统治阶级”等概念。当介绍虚构商品的概念时，波兰尼指出这一概念与马克思的“商品拜物教”概念没有任何关系。然而，他对于《大转型》是否遵从了马克思主义传统这一问题的答案是不相关。因为，在这本书中，波兰尼记录了许多资本主义的基本特征。这使得这本书成为有持久重要性的著作。

在更多最近的论文中，道格拉斯·诺斯、约翰·沃利斯和巴里·温格斯特（Douglass North, John Wallis and Barry Weingast，2006，2009）甚至在没有提及波兰尼著作的情况下，从不同的角度对大转型提出了怀疑，他们对“自然状态”和“开放社会”进行了区分。在“自然状态”下，依靠互补精英占优势的联合政府执政。军事的、宗教的、政治的和经济的精英结成同盟，这一同盟通过创造租金和在他们之间分配租金的方式来维持自己的权力。显然，这不是别的，正是少数人对占人口绝大多数人的剥削。然而，在经济学中，与此有关联的通常使用的是一个更中性化的术语——“创租”。租金被定义为“经济资产的报酬超过其在其他可替代用途上所能得到的最大报酬的那一部分”。（North et al., 2009，p.19）“有限准入秩序”的另一个重要方面是通过限制建立组织的能力来创造和分配租金。在经济和政治领域，组织培育了竞争。自然状态的主要特征是市场力量、特权，以及精英与平民之间的差别。

“自然状态”是稳定的，但并非是静止不动的。双重平衡保证了其稳定性，一方面是军事和政治权力组织的对应关系，另一方面是经济体系的组织与政治制度的关联。这样一个社会的动力由无法预期的外生冲击决定，而这一冲击可能会破坏权力的平衡。

“开放社会”或“开放秩序”建立在另一个不同的逻辑体系之上。在这样的社会中，公民可自由地在所有可能的领域建立组织。国家保持对暴力和军事机构的控制。相应地，国家由政党或其他组织控制。在经济领域，个人和组织都为“创租”而奋斗。尽管如此，经济和政治中的竞争使得个人和组织无法享有过多的收益。“开放社会”的特征在于其有独特的双重平衡。“经济中组织的开放与自由进入支持政治的开放，政治的开放与自由进入支

持经济的开放。”（North et al.，2009，p.19）

从“自然状态”向“开放社会”的变迁是这一分析的重要方面，或者如诺斯等人所说，“理解这一变迁是极其重要的，因为它是现代经济发展的过程”。（North et al.,2006，p.6）这一变迁明显地与波兰尼所描述的“大转型”相似。然而，他们并未将这一转型与工业革命直接联系起来。在他们看来，只要满足特定的“门槛条件”，历史转变就会发生。这些条件意味着占优势的联盟对非个人交换以及其他精英扩大机会有明显的兴趣。这要求对现存的制度进行调整。“门槛条件”是一系列必要条件，但是它们并非“大转型”的充分条件。深入发展肯定会使精英有吸引力扩大同其他群体的非个人交换。这种分析让人想起“间断平衡”理论，该理论认为一个平衡被另一个平衡突然取代。实际上，正如诺斯等人的总结：“历史的变迁发生在相对较短的时期，通常是 50 年。”（North et al.，2006，p.27）

波兰尼分析与上面的不同之处是极其关键的。尽管波兰尼放弃了马克思主义观点，但是他成功地揭示了资本主义制度的本质特征。诺斯等人甚至没有提及马克思。当他们解释社会秩序时，新自由主义思想在谈到市场的运转时形成了一种乌托邦背景。而且，他们质疑马克思，因为他们提出物质条件决定政治安排，从而无法实现双方的双重平衡。在某些阶段，他们的乌托邦思想表现得更为明显。例如，当市场运转被理想化时：“开放秩序中竞争的存在培育了非个人交换，而且使得价格机制能够运转……因此，资源能够流动到能带来最大价值的用途中，而且，由于价格反映边际成本和边际收益，资源实际上能够找到并决定它们价值最大的用途。”（North et al.，2006，p.45）在开放的秩序中，不同种类的经济组织间存在着竞争。但是，过多的竞争会摧毁整个体系，开放的秩序能与资本主义联系起来。然而，正如波兰尼提醒我们的那样，资本主义具有毁灭社会的趋势。这一本质属性并未引起诺斯、沃利斯和温格斯特足够的重视。总之，我们从《大转型》中可总结为以下三点。

（1）波兰尼呼吁人们关注人类历史的根本变化。工业革命以前，经济总是被嵌入社会中。工业革命以后，情况发生了变化，社会服从市场逻辑。而古典经济学家鼓励政治家追求完全脱离经济的政策。

（2）波兰尼坚持主张一个完全自我调节的市场经济，要求将人类和自然环境都转变为商品。这将引起反抗，政府必须发挥积极作用，以降低失业、贫穷和财政不稳定的风险。资本主义制度的特征是双重运动。朝向自由放任经济的运动受到保护性对策的反抗。值得一提的是，波兰尼意识到这有时会造成危险的政治－经济僵局。布洛克称，“他在关于法西斯主义在欧洲崛起的分析中承认，当任何一种运动都不能解决危机时，紧张会加剧，直到法西斯主义获得夺取政权的力量，将自由放任和民主都破坏”。（Block，2001，p.XXVIII）

（3）对波兰尼著作关于人类学的研究表明，经济一体化制度在很大程度上决定了思想、信念和动机。或者如布洛

> 克所说："正如波兰尼所表明的，人类并非生而具有亚当·斯密所提出的交换和贸易的倾向。相反，人们不得不构建经济主体，不得不学习如何在市场情境下活动。"（Block，2003，p.300）因此，在英国，甚至在美国确立的市场自由化思想适用于欧洲大陆和其他地方市场社会的建设。

波兰尼所写的著作思想丰富，他在《大转型》中分析了自我调节的市场制度的基本要素。第二次世界大战期间波兰尼在美国，对未来很乐观。他将罗斯福新政视作民主制度的典型，在这一制度下，管制能够为所有人带来自由。然而，尽管波兰尼的著作有其价值，但是他的分析未对技术进步给予足够的关注，而这恰恰是双重运动背后的主要驱动力，这也是我们在本书中所要探讨的。

二、财产权保护

在分析工业革命以前市场的兴起时，也有一种双重运动。商人需要保护，从而能买卖商品。同时，贸易需要调控，以避免滥用和冲突。就只有一个买方、一个卖方的单一情况而言，贸易伙伴间的关系非常简单，交易商品的信息完全透明。但是，如果相关信息缺失，买方就会承担购买的商品无法满足预期的风险。买方可能会受骗，而欺骗会以不同的方式发生。首先，卖方会交付质量低劣的产品。其次，买方可能会不付款就消失。最后，卖方可能不会信守在未来交付货物的承诺。如果交易在一个买方和一个卖方间重复发生，那么这些问题都不会过于严重。届时，双方都对建立可靠的信誉有明显的兴趣，如果一方欺骗，交易就会结束，使得双方获利的机会消失。确定的是，如果某一方考虑到信誉可能是可转移的，那么信誉机制十分重要。有欺骗行为的交易者在交易者群体内部的信誉变差。结果是，其他任何一个交易者都不会愿意与之交易。显然，只有当交易者群体的规模相当小时，信誉机制才会发生作用。如果交易者群体的规模很大，那么将不得不设计另一种替代方法。

随着在中世纪初期出现的交易而产生的，旨在保护财产权的制度开始蓬勃发展。为促进中世纪商业贸易而制定的规则、法规和管理条例的整体，被称为《商法》（*Lex Mercatoria*），英语中被称为《商人法》（*Law Merchant*）。由于中央权力要么过于弱小，要么没有能力就此达成统一意见，交易者自己制定了这些规则。这些规则旨在解决两个问题：一是交易者必须足够了解交易另一方的信息，这将使交易者能对可能的欺诈进行防范。二是应当激励交易者处罚欺骗者，即使这需要一定的代价。为保证信誉机制有效，这两个条件都得满足。

保罗·米尔格隆、道格拉斯·诺斯和巴里·温格斯特（Paul Milgrom, Douglass North and Barry Weingast，1990）受到一年一度香槟集市的启发，设计了一个模型。这个定期集市在 12 世纪和 13 世纪北欧和南欧的经济活动中发挥了重要作用。法国香槟地区位于巴黎和第戎之间。它因地理位置以及自由统治者而具有吸引力。集市在普罗万和特鲁瓦的城市举办。彼得·斯普弗德指出："香槟地区的地理位置使得其集市，在一个半世纪的时间里，获得重要的国际性地位，这与同时期在欧洲兴起的大量的地方性和区域性集市有极大的不同。"（Peter Spufford，2002，p.144）来自弗拉芒地区的城镇的专业化布匹经销商历经数周的旅行，带来并销售他们珍贵的商品。热那亚商人和其他的意大利商人将产自意大利的货物，以及从黎凡特地区进口的产品带来，他们中的大多数人会在这里待一个月。香槟集市的顾客来自德国、意大利、法国北部和弗兰德斯。建立在普罗万的铸币厂生产的地方性货币变得具有国际意义。同样的情形是，在伦敦与巴黎使用的"金衡制"开始作为称量商品的标准。

如此多的经济活动，使得人们需要制定制度，以解决纠纷。这一需求被斯普弗德总结为："一个完整的集市监督机构和法庭逐渐发展，使人们能以价格较低且裁决迅速的方式解决商业纠纷，并执行他们已订立合同的债务支付条款。"（Spufford，2002，p.146）

米尔格隆等学者的分析建立在这些经验观察之上。他们的出发点是，每一个交易者没有必要了解其他交易者是否诚实。致力于提供广泛信息的制度将花费巨大。对每一个交易者来说，了解他的交易对手是否值得信赖，就足够了。为了实现这一目的，地方统治者指定并授权一名官员，由其收集信息、协调冲突，这类官员即是米尔格隆等学者在模型中所谓的"商法"（LM）。例如，关于交易对手是否有未偿债务，交易者可以从商法获得信息。如果这种情况存在，那么将不会与其有任何的交易，或者要求其有额外的安全保障。然而，即使对方没有未偿账单，欺骗仍然可能存在。只有交易者在交易前从商法这一权力主体获得关于交易对手不良情况的信息，他才可以将欺诈报告给商法。无论是从商法获得信息，还是向其投诉，花费都极大。如果在双方的争执中，商法得出其中一方确实欺诈的结论，那么欺诈方将被判赔偿损失。被宣判有罪的一方可能为此付款，也可能不会。商法并不拥有任何形式的执行权，以强制执行该赔款。这一安排的执行靠私人主动而为，因为从字面上和象征性的意义上来说，政府基本上距强制执行太远了。商法会登记未赔偿的账单，这成为鼓励诚实交易的手段。

可以发现，以上所描述的制度只带来诚实而高效的交易，除非满足一些合理的条件。首先，赔偿的数额应当足够高，为投诉提供激励，因为投诉会带来费用。其次，赔偿的数额应该使人不敢欺诈。再次，赔偿的数额不应太高，因为数额太高将可能剔除自愿赔偿。最后，不得不赔偿的一方会重视将来的可持续贸易。如果不打算参加将来的集市，那么他将不会支付损失赔偿。如果没有强有力的法律，排除偶然性欺诈是不可能的。米尔格隆等学者建立的理论模型精确地展示了信息如何被收集、传播，以及如何使信誉机制发挥作用。但是，信任仍然是经济活动的重要因素。

米尔格隆等学者充分意识到：“无论是信誉机制，还是相关机构,靠其自身,都无法发挥作用。它们是一个完整体系的补充部分，

共同保证诚实行为。”（Milgrom et al.，1990，p.19）

博弈理论的实践不能准确地解释香槟集市的运转。这样的解释既不可能，也非必需。模型已经清楚表明，需要建立制度来保护财产权，从而促进经济的运转。随着贸易的规模扩大和强度增加，私有化制度得到重视。至于中世纪晚期市场管理方面，城市也要求获得更突出的地位。在欧洲历史上这一时期末，由于民族国家的形成，政府强有力地控制了社会所期望的行为的实施。国家保留着对暴力的垄断，使得贸易管理的成本下降。为了更加清晰地解释，假设政府可以用商法同样的成本解决冲突。然后，可以避免因为从商法获取交易人过去行为耗费的金钱。因此，政府对经济的干预会产生重大影响。正如米尔格隆等学者的评论：“因此，我们的方法证明了国家在合同执行效力时候的重要性并不是因为提供了一种以前没有过的履行合同的方法。相反，它是为了减少安全交流成本。”（Milgrom et al., 1990, p.21）

所有权和收购权不仅仅在商业关系中十分重要。对商品所有者的保护越少，掠夺者（如果存在的话）所猎取的战利品也越丰富。在没有保护情况下，混乱状态横行，其特点是托马斯·霍布斯所描述的“一切人反对一切人的战争”。售卖商品的人尝试采取必要的措施防止被劫掠。这些措施需要额外的花销，因此需要在保护与被抢劫之间选择。有一篇《让我们成为国王》的文章，这个文章标题来自以色列人向先知塞缪尔的请求，格罗斯曼向我们展示了国家能够以一种相较于个人生产者更低的花费建立一个保障系统。（Grossmann，2002）令人惊讶的是，这并不是因为经济规模而降低成本。后者可能是在现实发生，但是现在讨论是微不足道的。格罗斯曼指出，国家能够提供公共产品，并在确定保护的程度时，必须重视对潜在掠夺者的威慑效应。个体生产者在做出保护程度的决策时，并未考虑这一外部因素。因此，如果政府关注财产权保护，人均收入将会高于无政府状态下的人均收入。

然而，政府通常为统治集团的利益服务。这意味着个体生产者不一定会比在无政府状态下更富裕。格罗斯曼指出，在“私有化状态”下，君主通过税收制度使统治集团的消费最大化，因此人均消费可能更高。通过垄断对财产权的保护，国家增加了税基。同时，政府收入增加。当然，这无法永远持续。因为如果政府越来越多地增加税收负担或税率 τ，对越来越多的个人来说，获得掠夺者的地位就变得有吸引力。政府无法控制模型中的这些掠夺者，就会日益减少收入。因此，统治集团的消费最大化必须有一个限制。拉弗曲线说明了这一约束条件，它将对经济活动征税的税率 τ 与政府的税收收入 T 联系起来。曲线通常是如图 1.1 所示的倒置抛物线形状。[①] 从政府角度来说，最优税率是 τ^*。如果税率 $\tau > \tau^*$，税收收入将会下降，因为越来越多的人可能会减少他们合法的经济活动。

① 该曲线以亚瑟·拉弗（Arthur Laffer）命名。但是，拉弗明确表明，他并非发明税率与税收总收入之间关系的第一人。

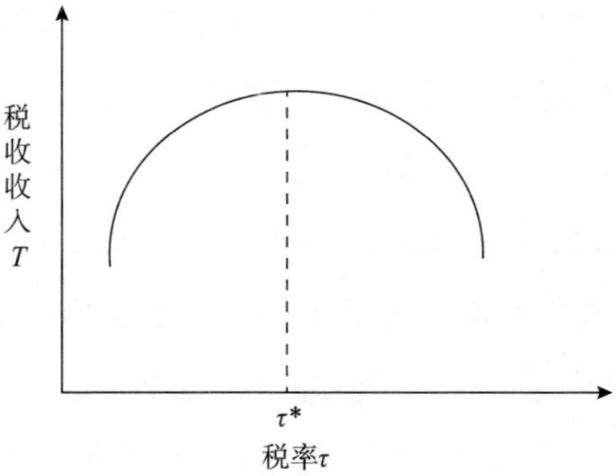

图 1.1　拉弗曲线

对权力和财富的追求可能引起寻租集团增加政府的费用，使其高于最优税收角度下的合适水平。这将招致公众的抵抗，便回到卡尔·波兰尼所描述的双重运动的第一个方面。在这种情境下，市场参与者会信任政府现在和将来都尊重财产权，这是极其重要的。道格拉斯·诺斯和巴里·温格斯特简要地阐述了重点，“为了出现经济增长，君主或政府不仅必须建立相关的系列权力，而且必须做出可靠的承诺”。（Douglass North and Barry Weingast, 1989, p.803）如果君主或政府在将来可能随意地提高税收，投资将变得不那么具有吸引力。然而，政府是否能有信用地致力于为人们提供他们期望的税收标准，仍然是个有争论的问题。

诺斯和温格斯特描述了 1688 年的光荣革命如何严重地削弱了英国国王的权力。在革命爆发前，国王拥有几乎绝对的权力。人们注意到，议会对与政府开销相关的任何事都没有发言权。它的主要影响与税收法案的批准有关，这些税收为不同的目的筹集，如与敌国开战。除此之外，英国国王还通过不同的途径获得收入，所有收入中的一半来自对大量的土地所有权。出售垄断权是构成收入的一种特殊方式。专利被用来在技术进步的掩盖下减少已成型的产业，造成垄断。（North and Weingast，1989，p.820）将权力出售给私人，本质上使得目前和将来的利润承担更高的税收负担。当然，这对投资报酬施加了下行压力，导致创业活动水平降得更低。对于国王而言，也许能找到许多其他的方法获得收入。古老的“王室征发权”为国王以“公共目的”之名，用大大低于市场价值的价格购买货物提供了机会。而且，国王还以高价出售贵族头衔。除此之外，国王为了弥补赤字不得不大量举债，并定期对他的物品进行强制贷款。最重要的是，国王总是不遵守有关本金偿还的协议。诺斯和温格斯特指出：“王权不能尊重为借贷资金所订立契约的协定，明显地反映出他准备改变私人团体的权利，以有利于自己。”（North and Weingast，1989，p.810）

政治制度赋予国王极大的权力。他的王室特权使得王室能发布有关管理方面的公告，而无须得到议会的批准。国王付给法官报酬，因此，他能随意地任命法官。在法律冲突中，星室法庭有最终决定权，这一机构能够纠正任何不利于国王的裁决。

国王专制、贪婪的行为引起反抗和国内战争，导致君主政体被暂时推翻。在君主政体恢复后，英国国王詹姆斯二世计划让议会中的反对派靠边站。然而，在尝试将所有权力都收归己有时，国王也攻击他自己的拥护者。这是光荣革命的序曲，最终导致推翻国王詹姆斯二世。詹姆斯二世被威廉和玛丽取代。议会战胜了王权，对政治制度进行改革，英国国王的权力受到削弱。此后，政府支出不得不由议会批准。通过法令进行统治不再可能。与此同时，司法制度的独立性则坚固地扎根于宪法中。新的政治制度预防了英国国王的机会主义行为。按诺斯和温格斯特所说的经济受益。“政治权利被视作为反对任意侵犯经济权利而提供保护的关键要素。”（North and Weingast，1989，p.816）

尽管如此，议会中多数群体是由富裕精英和前工业时代的财富所有者组成。辉格党主持一切，而且想要将政府影响力控制得尽可能小，以保障商业利益。在英国国王与议会的相互指责中，实现了权力的平衡。因此，利益集团没有机会在政治决策的过程中推进他们的目标。“任何追求私人收益的利益集团不得不都获得英国国王和议会的批准。”（North and Weingast，1989，p.819）

光荣革命保护了英国的财产权。但是，它是否也带来了比那个时代英国最大的竞争对手法国更高的经济增长呢？历史研究清楚地表明，在第一次工业革命前，情况并非如此。但是，英国公共财政的情况比法国的要好得多。这是法国输掉了几场与英国的战争的原因之一。后果是影响巨大的，正如诺斯和温格斯特所提出的：“中世纪两个经济体的对比显著。1765 年法国在破产的边缘，英国即将开始工业革命。”（North and Weingast，1989，p.831）然而，对于诺斯和温格斯特的思考是否真正解释了为什么第一次工业革命在英国发生，人们仍然有疑问。不仅如此，确立财产权是工业革命的一个必要条件，但是可能不是充分条件。在第六章，我们将更深入地分析第一次工业革命前夕英国和欧洲其他国家的区别。

到目前为止，我们已经讨论的制度是与财产权的保护有关。但是，上述研究与不同的假设有关联。因此，在阿夫纳·格雷夫著作的基础上探究制度分类学是有益的。

三、制度的协调性

参与香槟集市的意大利商人有两个主要的担忧。第一，他们不得不防备当地统治者滥用他们留在家乡的财产。第二，他们携带商品一到达集市，就希望从事某种形式的集市交易。正如格雷夫所观察到的，想要建立市场，财产权必须受到保护，合同必须得以履行。甚至，正如格雷夫所强调的，管理生产和交易的制度必须相容。

为了用更一般的术语来讨论这些问题，格雷夫引入了下列概念。强制约束制度（CCIs）决定统治者的成本和收益，这些统治者为了从经济主体那里征收财富而滥用财产权。财产权将受到保护，至少在一定程度上，如果经济主体在被征收财富后有可能反击。对统治者而言这意味着成本，而这将阻止他们征收财富。格雷夫列举了一个例子，"一旦征收开始，商人会带着他们的财产逃离；手工业者会增加休闲的消费或降低他们产品的质量，以此作为回应"。（Greif，2008，p.3）

在财产权受到保护时，人们建立的交换关系由合同执行制度（CEIs）决定。由于大多数经济交易本身是循序渐进的，因此对合同的强制性是不确定的。随着时间的流逝，必须有某种方式保证合同在事后得到履行。合同的强制性可以建立在私人规则或制度之上，如信誉、家族忠诚或超自然的信仰。私人的合同执行制度建立在经济主体实施的经济、社会和强制制裁的基础上。已在第二部分讨论过的香槟集市时期商法的作用，为这样的一种私人安排提供了例子。与现代宪政国家一样，公共领域中的合同强制实施（公共合同执行制度）可建立在立法基础上，并由独立法院执行。

格雷夫的分析集中于制度的相互影响。更具体地说，需要考虑以下两个问题。公共合同强制执行制度与各种不同形式的强制约束制度在多大程度上是相容的呢？私人合同强制约束制度会妨碍公共合同强制执行制度吗？在转向这些问题之前，找出决定强制约束制度有效性的因素是恰当的。在整个讨论中，必须牢记主要的问题是制度最终如何促进了市场的产生。根据格雷夫的观点，这一分析甚至引起了可测试的预测，而这些预测被前现代的英国、中国清朝和日本德川幕府时期（1603—1868 年）的发展所证实。

强制约束制度的有效性依赖于社会的三个主要特征。

（1）经济实力（或者“流动性”）能保障财产权，因为“流动性”对统治者意味着成本。如果这些成本过高，统治者将被阻止征收财富。

（2）强制性（或军事）权力的分配决定了谁的权利受到何种

程度的保护。当统治者的军事能力使经济主体（资产所有者）在受到侵害之后所做的任何反应都无效时，强制性权力就集中起来了。当强制性权力消失时，是否存在协调有着重大影响。在没有协调的情况下，每一个有军事力量的团体都能保障自己的权力。在有协调的情况下，统治者调解任何一个团体因运用军事力量针对另一团体而引起的报复。统治者的目的是维持权力的平衡。为此，统治者甚至可能发现保护缺乏强制权力的经济主体的权力非常重要。

（3）行政权力非常重要，因为统治者必须实施政策选择，包括侵害。统治者需要管理者以不同形式，如军队、税吏、封建领主、官僚、自治省或市等，来执行政策。行政结构决定了侵害财产权的成本。在行政规模最小的情况下，财产权受到保护。行政服务的授权也影响、侵害财产权的成本和收益。例如，当统治者依赖金融家的服务时，如果金融家能有效地威胁撤销服务，征收可能不会发生，正如格雷夫所发现的，“这些威胁似乎保护了 16 世纪哈布斯堡王朝热那亚金融家的权利。这些金融家在管理支付驻扎在弗兰德斯的皇家军队报酬方面比较有优势”。（Greif，2008，p.7）历史上关于强制性权力与行政管理结构组合的分配的例子见表 1.1。

表 1.1　强制性权力与行政性管理结构组合的分配

强制性权力	行政管理结构		
	最小	授权	自治
集　权	中国清朝	法国波旁王朝	西班牙哈布斯堡王朝
分　权	武装商队		
协　调	日本德川幕府时期	奥斯曼土耳其帝国	英国
	欧洲封建制度		近代

资料来源：Greif，2008。

强制约束制度是市场繁荣的必要条件。但是，市场的发展程度依赖合同执行制度。这将回到上面所提出的第一个问题：强制约束制度是否总与公共合同强制执行制度相容？看来，并非所有的两种类型制度的组合都能产生均衡结果。如果政府的行政管理无用，引入一个公共规则的合同执行制度也许会削弱经济主体的财产权。建立合同执行制度要求建立基础架构，该基础架构其后将会使统治者从其经济主体那里征收财富变得更简单。原因在于，许多的合同执行制度向拥有强制性权力的主体披露了经济主体的财富信息，进而危及经济主体的财产权。因此，当权利仅仅受到脆弱的行政管理的保护时，市场无法通过引入公共秩序制度进行扩张。同样地，我们可以得出结论。当强制性权力集中且流动性较低时，公共秩序合同执行制度更有可能破坏权利的安全性。格雷夫用下述说明归纳了这一争论："强制约束制度在保护经济主体权利方面越有效率，公共秩序合同执行制度就越可能扩大市场。"（Greif，2008，p.13）表 1.2 总结了这一讨论，该表描述了有效供给公共秩序合同执行制度能力的决定因素。威慑力越大，强制约束制度在支持有益于市场扩张的合同约束制度时就越有效。

表 1.2　强制约束制度对合同执行制度的有效性

权力	威慑力		
	低	中等	高
强制的	集权的	分散且不协调的	分散且协调的
行政的	最小的	授权的	自治的
经济的	固定的	一定的流动性	流动的

资料来源：根据格雷夫的资料改编。

上面提出的第二个问题是：私人合同强制约束制度会阻碍公共合同执行制度吗？当私人秩序合同执行制度有效时，引入不会削弱财产权的公共秩序合同执行制度仍然不会导致市场扩张。在私人合同强制执行的情况下，市场仍然是地方性的，而且相当有局限性。如果市场参与者的数量仍然很少，那么通过价格信号和较低的搜索成本得到的更有效的信息，将使外部性与大规模的一般性交易建立的网络变得无效。这使经济主体选择能提供更高收益的私人秩序制度成为可能。届时统治者没有动机对公共秩序制度投资。“毕竟，创造公共秩序合同执行制度要求前期有沉没投资，例如，物质基础设施和人力资本，而且要求形成对制度有效性的信任。”（Greif，2008，p.16）

私人秩序合同执行制度的有效性依赖于社会和文化因素。更明确地说，与社会是否更“集体主义”或更“个人主义”有关。在集体主义社会里，社会关系有赖于血缘、宗族或宗教等特征。而且，这些社会团体通常被分隔开。从某种意义上来说，大多数时候个人与他们所在群体的成员相互交流。因此，私人秩序合同执行制度表现为群体内部的规则。这与个人主义社会不同。在个人主义社会中，他们倾向于更加一体化，这意味着经济交易将主要在属于不同群体的经济主体间进行。因此，与集体主义社会相比，在约束市场主体方面，私人秩序合同执行制度，就不那么有效。因而，对公共秩序合同执行制度的需求在个人主义社会较高，在集体主义社会较低。

需求和供给决定了社会的制度设计。不同的平衡会带来市场制度扩张的不同结果。可以运用格雷夫提出的概念框架，探究封建时代的中国和近代英国的发展，并从中得到说明。

有关前工业时代的英国和同期的中国经济发展差异的解释以文献的形式记载了下来。正如表 1.1 所示，同期的中国的特征是权力集中，但是统治者并没有任其支配的能够剥削商业部门的行政手段。与欧洲相比，土地被征税，但是对贸易的征税低。在这样的环境下，使用公共合同执行制度是不明智的。事实上，这的确并未发生，因为“当权者对与商业相关的立法基础设施投资极少，而且反对法律裁决商业纠纷”。（Greif，2008，p.21）而且，儒家思想表明纠纷应当通过非正式方式解决，无须诉诸法律。因此，私人合同执行制度不支持贸易。封建时代的中国社会的集体主义结构激发了这些制度的有效性，使得活跃的贸易产生。1500

年以前，中国的人均 GDP 明显不比欧洲人均 GDP 低。（Angus Maddison，1991，p.10）

正如诺斯和温格斯特所说，在英国光荣革命后，强制约束制度变得有效。因此，公共合同执行制度能在经济扩张中发挥重要作用。格雷夫将英国的发展总结如下，“在个人主义盛行的情况下，只要发展中的经济制约了其私人秩序制度，那么对公共秩序制度的依靠就有助于市场扩张”。（Greif，2008，p.31）中国是否可能遵循相同的路径，对于格雷夫来说，仍是一个未解决的问题。19 世纪西半球军事与经济的冲突影响了清朝的制度发展。清朝皇帝加重了经济活动的税收负担，但是腐败增加，而贸易停滞。

这可能是正确的，但是早在与西方国家的冲突阻碍清朝的经济发展之前，清朝比欧洲的生活水平更高、技术更发达。问题由此产生，为什么与英国不同，在清朝没有发生工业革命。格雷夫的解释将问题归结为清朝对财产权的保护是不充分的。因为，统治阶级享有绝对的权力，但是他们对经济发展几乎或根本没有兴趣。不可否认，清朝的经济增长仅仅是由于私人组织自己采取了合适的规则。尽管如此，这种类型的制度阻碍了大规模的发展。格雷夫将这一问题总结如下，“从商业领域来看，确实是国家在商业领域的相对缺位阻碍了进一步的发展，并引起了不同于欧洲的制度变迁”。（Greif，2005，p.767）

遵循理查德・利普西、肯尼思・卡劳和克利福德・贝克尔（Richard Lipsey, Kenneth Carlaw and Clifford Bekar，2005）的做法，

我们引用著名的中国专家钱文源的观点，以说明传统中国社会的运转。（Wen-Yuan Qian，1985，pp.103–104）

在古代中国，领土统一下的专制制度被有效地遵守，而且与一个同样统一的意识形态控制制度共生结合起来。其哲学精神是内省，学术范围受到官方的限制因而仅仅是政治伦理性的，而且它的基本态度是阻碍创新性实践和理性主义探究。这样的政治意识形态状况与充分体现在封建割据、国家间竞争和宗教争论中的欧洲多元主义形成了鲜明的对比。

古代中国人的观念阻碍了新技术的大规模应用，使其无法快速发展。下面的例子可以说明问题（Lipsey et al.，2005，pp.285–286）。15 世纪初期，明朝政府在所有的造船厂里建造超过 2 100 艘适于航海的船只，远远超过欧洲相同部门的生产能力。大规模的舰船被派往亚洲的数个目的地。这些航行的目的是使中华文化广为传播，同时向“外国人”展现皇帝的荣耀。不可否认，这些远征队随船携带货物，但是这些货物只是作为礼物，并非用来交易。随后，朝贡贸易开始，但是这些贸易尝试很快就被终止了。大臣鄙视商业，想尽可能地避免与“外国人”接触。自 1500 年后，严禁制造桅杆超过两根的船只。25 年后，统治者甚至命令拆毁所有适宜航海的船只。这一例子同时表现出了封建时期的中国的成功与失败。一项伟大的技术运用并不会引起经济的累进式发展。同样，知识的发展也是如此。在缺乏学校和图书馆的情况下，没有什么能为科学发现提供一种集体记忆，来保存科学发现并使之实现累进式发展。（Lipsey et al.，2005，p.282）这也意味着学者从皇室法庭的反复无常中得不到庇护。控制所有意识形态的古代皇权制中国，甚至不允许现代科学的发展。因此，缺乏与发生在英国的工业革命所需的智力基础。

回到格雷夫的分析，还有一个假想值得关注。格雷夫表示，有助于公共秩序合同执行制度和强制制约制度会推动统治者建立政治集会，借助于此限制统治者权力的各种团体具有政治影响力。这样的民主制度符合统治者的利益，因为与商业团体的交流和谈判比解决冲突要花费得更少一些。正如格雷夫所发现的，这样的猜想令人关注。"市场发展要求合适的政治制度，市场的扩张会带来政治发展，这样的观点过于简单。市场和政治制度共同发展，反映出强制约束制度与合同执行制度之间不断变化的相互作用。"（Greif，2005，p.729）我们将在第八章再回到这个问题。

四、评价

传统上来说，贸易一直都是一个非常重要的经济活动。在交易环节，很多事情都可能出现偏差。通常情况下，商品的交付和付款并不是同时发生的。集市上不能总是充分确定商品的质量。有时，只有当使用时才能发现商品的真实价值。一方授予信用就意味着另一方将履行义务。简言之，如果买卖双方的物理距离过长，而他们彼此互不相识，大量的管理是必要的。有时，中间人

（体）的参与是有必要的，以使交易成为可能。尽管如此，委托人与代理人之间的关系引起了内在问题。

在很多情况下，交易的特点是重复。无论现在和将来，相同的经济主体会面即完成一次交易。当然，信用机制将提供公平交易。若一方无法履行自身义务，其应被处罚。而且，人们不愿意与任何一个骗子继续交易。然而，信用均衡并非独一无二。一个交易主体受到惩罚前被允许犯几次错误？如果交易极其赚钱，排他状态能维持吗？如果交易发生在不同时期、不同人之间，问题将变得更加繁杂。那时，为了让信用机制充分发挥作用，信用应当可转换。但是，即使其他人确实是受损一方，每个人都愿意接受惩罚吗？因此，如果利润高的话，拒绝接受的诱惑很大。

过去，团体做出各种安排（制度）来解决上面提到的问题。关于一年一度的香槟集市期间商法的作用，我们已经在本章讨论过这个问题。用格雷夫的术语来说，这些规定象征着私人秩序合同执行制度。这样的制度对“委托－代理”问题可能也会有所帮助。格雷夫指出，11 世纪时，马格里布地区的部落从他们自己的圈子中任命海上贸易代理人。至于欺诈，每个人都有清楚的认识。这一制度运行良好，即使与市场决定的征募相比，代理人的征募成本更高一些。私人合同执行制度的缺点在于这样的事实，即惩罚的强制执行没有法律效力。相反，无论其是如何组织起来的，政府对暴力都有垄断权。因此，解决与大规模贸易有关的问题与纠纷需要公共合同执行制度。政府机构掌握的立法、审判和制裁执行，都是这些“公共秩序”合同执行制度的主要组成部分。

如果有人请求政府的援助来管理贸易，那么他将冒着将特洛伊木马搬进城的风险。谁来监督政府呢？（谁来监管守门人呢？）假设存在一个政治团体，旨在从商人那里攫取最大数额的财富。在这种情况下，参与政府事务将不那么吸引人。无论如何，财产权的保护和统治集团消费最大化将是相容的。在本章讨论过的格罗斯曼的模型中，财产保护旨在抵制掠夺行为。模型中，政府能比分散的生产者（无政府状态）以更有效的方式实施保护。即使统治集团的消费水平实现最大化，每个人仍然比无政府状态下更富裕。此外，引入公共合同执行制度是以这样一个观点为依据的，即政府能比私人部门以更有效的方式保护财产权，通常来说，这一假定是成立的。尽管如此，这并不意味着政府能够在任何情况下都抵抗攫取更多财富的诱惑。在这样的情况下，由于投资变得不那么有利可图，私人组织的获利将受到制约，经济增长受到阻碍。

用格雷夫的术语来说，这时需要强制约束制度将获利保持在界限之内。在现代民主社会，人们有权假定这样的制度是存在的。在封建社会,君主的权力极大。在这种状况下,财产权得不到保护。我们已经在本章解释过，基于诺斯和温格斯特的观点，在英国1688 年光荣革命之后，英国国王和议会如何相互保持平衡。这是否为 60 年后的工业革命奠定了坚实的基础是不可能得以确切说明的。但是,与中国清朝的制度设计相比,英国的制度设计更有利,这是十分清楚的。

伴随着工业革命发展，市场体系显著扩张。经济将其与社会分离开来。一个“自我调节的市场”随着与以前不同类型的社会而产生。波兰尼将这一发展称为“大转型”，但是，根据波兰尼的观点，不受限制的市场力量会引起混乱。将所有物品都转变为可交易的商品是不可能的。劳动力、土地和资本被称作“虚拟商品”。这些商品要求在市场经济中有合适的制度。可以预期的是，如果市场力量会引起对人的财富的剥夺和社会的倒退，那么这些制度将在民主社会得以实施。“社会的自我保护”是波兰尼的理论中不可避免的双重运动的一部分。

波兰尼所提出的社会特征与格雷夫发现的个人自由权与统治者潜在压迫之间的对立极其相似。话虽如此，波兰尼与格雷夫观点的差异同样值得注意，这可从表 1.3 中推断出。格雷夫讨论了资本主义之前独裁时期的这些问题。那时的主要问题是保护商人的财产权，政府的剥削应当被制止。同时，必须创造公平交易的必要条件。适当的制度（强制约束制度与合同执行制度）混合应当能达到所期待的效果。在英国，能促进市场大规模扩张的混合制度在（第一次）工业革命前夕已经实施了。但是，正如波兰尼所强调的，随后出现的资本主义制度产生了新问题。本质上，“自我调节的市场”（self-regulating market，SRM）是一个乌托邦。市场无法处理所有的事情。社会不得不自我保护（Society has to protect itself，SPS），以避免被剥夺或倒退。从广义上来说，民主为公民纠正错误以及保护自己创造了条件。除了政治制度外，私人的法律安排也很重要。例如，雇员和工会可以在已实施的法律制度内围绕管理问题谈判。但是，高度的管理（保护）可能会使经济扩张变得缓慢。这将会引发抗议，甚至可能导致冲破管制。因此，资本主义与民主之间的矛盾有其自身独特的作用方式。就经济制度设计来说，这都会引起一系列连续重复的运动。在随后的文章中，我们将更详细地讨论这些运动。

表 1.3　格雷夫与波兰尼的观点对比

	格雷夫	波兰尼
政治制度	独裁的	民主的
对照	市场与统治者	市场与社区
制度	强制约束制度与合同执行制度	自我调节的市场与“社会不得不自我保护”

第二章　重新审视政治经济学

一、总体情况

现代经济学强调稀缺的概念。经济学的研究对象是社会配置稀缺资源方式。从这个角度来说，经济学是一门专门的学问。但是，正如我在第一章所述，经济的运转需要管理。如果经济学的研究范围仅仅只是资源配置，那么这就常常内含了一个假定，即普遍盛行的制度是合适的。大转型之后，经济自行运转。在这一背景下，诺斯、沃利斯和温格斯特主张“开放秩序的一个重要属性是经济制度与政治制度表面上的独立性”。（North, Wallis and Weingast，2009，p.112）经济组织不需要参与政治过程，以保障它们的权利。合同能够自由达成。如果必要的话，合同能够得以执行。组织的存在不是基于特权，而财产征收的可能性等于零。

由于具备健全的体制，经济能够聚焦于市场的运转。可以发现，所有良好运转的市场将带来资源的有效配置。在这样的情况下，没有任何一个经济主体能直接影响价格，同时外部性也不会发生。如果经济活动影响市场外其他人的境况，就会产生外部性。一个典型的例子是生产或消费某种商品导致的环境污染。

在稀缺资源有效配置的情况下，将实现帕累托最优状态。偏离帕累托最优状态将无法在不损害至少一个其他经济主体的情况下，改善任何经济主体的境况。从道德的角度出发，这种情况通常具有“最小善行原则”的特征。这一特征表明，人们对资源有效配置的要求有着高度一致的要求。但是，在从非有效解决状态向有效解决状态转变的过程中，有更重要的事情发生了。大多数时候，收入分配也在变化。如果政府在出现环境污染时选择管制，这将立刻变得清晰。例如，如果生产者为了满足立法要求而面临成本增加，利润将下降。得益于更清洁的环境，消费者的境况变得更好。然而，生产者的境况变差了，即使他将更高的成本转移给消费者。这一结果说明，旨在提高经济效益的措施在大多数时候都会产生分配效应。没有任何受损者的情况是非常少见的。在采取的措施引起了潜在的帕累托改进的情况下，受益者可以补偿受损者。这是否会发生是一个政治选择问题，但是改变规则的分配效应并不总是表现得十分清晰。

相反，如果收入或财富的分配是问题的关键，那么可以预期经济主体将施加压力，要么维持有利于管制，要么使其向这个方向转变。在这种情况下，可以区分出已创造收入的重新分配与收入形成范围中的寻租。多数公民会选择通过政治制度来重新分配收入。根据“中间投票人定理”，如果中间投票人的收入低于平均收入，那么这种情况将会发生。这一理论依靠许多简化的假定条件。重新分配问题似乎更复杂，因为不得不考虑政治制度和关于社会构成的不同意见。我们将在第六章详细讨论这个问题。

寻租或创租发生在每个社会，同样也发生在诺斯等人提出的开放社会。然而，在开放社会理论中，寻租并没有处于失去控制状态，因为市场制度和政治制度的特征都是完全竞争的。而且，经济是动态变化的。熊彼特式的新生产者、新产品和新消费模式的竞争推翻了既得利益。根据诺斯等人的观点，类似的竞争机制也在政治中发挥作用。如果现有党派的权力变得过大，公民将通过其他方式自我组织起来,从而弱化其影响力。自由进入政治舞台保证了权力的消散。这样，经济和政治相互保持平衡，“表面上的独立反映出均衡独立”。（North et al.，2009，p.146）但是，这一均衡并不是静态均衡。社会会遭受各种冲击，但是特殊领域中组织间的竞争引起了调整。因此，开放社会的特征是适应效率。

相较于似乎完全忽略制度对稀缺资源配置的一般分析，诺斯等人的分析向前迈进了一步。他们将我们带回到传统的学科分支——政治经济学领域。政治与经济相互交织，正如以亚当·斯密为先驱的古典经济学者早已认识到的那样。马克·布劳格在描述《国富论》作者的特征时明确指出。（Mark Blaug，1962，p.58）

他以令人耳目一新的怀疑的方式一遍又一遍地重复阶级斗争的

主题，以及意识形态武器——错误的意识——被不同的阶级用来为政治的至高权力而斗争。正是在这一点上，结合他对价格制度规定的“法治”的理解，才使得《国富论》成为政治经济学的名著。

政治经济学这一术语也许会引起误解，认为这个学科能够产生规范表述。阿尔弗雷德·马歇尔（Alfred Marshall，1890）意识到了这个问题。因此，他倡导对这个学科的正面理解。他主要关注对人们想要实现的目标以及实现目标方式的探究。政治偏好应被排除在外。这才是科学应有的方式。“用更广义的‘经济学’比用更狭义的‘政治经济学’来描述会更好。”（Marshall，1890，p.36）

事实上，目前的术语名称是经济学，但是这一术语是比政治经济学涵盖更广泛领域的表述并非十分确定。显然，科学探讨需要实证主义的方法。经济与政治的相互关系能用这种方式得到确切的分析。政治经济学强调资源配置在社会情境中发生。经济学的研究对象比建立在传统观点上的政治经济学的研究对象更为广泛。图 2.1 运用因果关系（箭头）描述了政治经济学的领域。为方便起见，忽略了外生影响因素。重点在经济的设计上，尤其是社会经济活动的组织和协调方式。经济的组织由技术状况、实施的制度和消费者偏好决定。偏好通常被假定为外生变量，因此消费者偏好未包括在该体系中。这一假定似乎不那么真实，但是我们将遵循这一假定，至少目前是这样的。如我们将在第三章中看到的，技术进步是有部分内生的和部分外生的。因此，图 2.1 中考虑了技术状况。

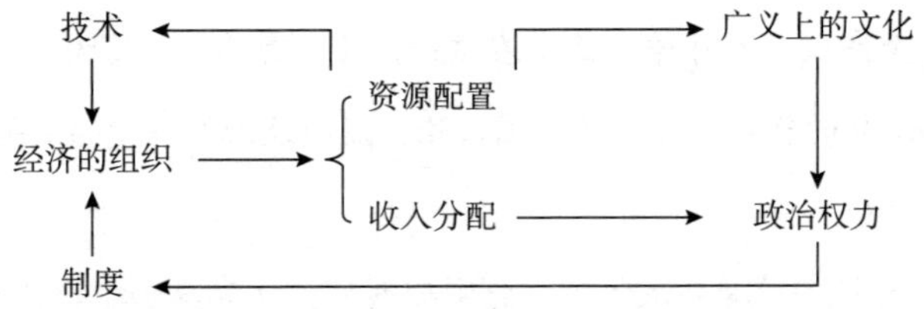

图 2.1　因果关系描述政治经济学领域

经济的组织决定生产要素的配置。因此，它也是不同类别的要素（即资本和劳动力），以及不同个人间收入初次分配的决定因素。显然，初次分配的方式也有赖于社会正式制度和非正式制度。图 2.1 中,假定正式规则（制度）是内生变量。在这一背景下，规则主要与经济活动有关。经济制度付诸实施必需的政治权力由政治制度（如投票制度）、广义上的文化以及组织和个人的经济力量决定。图 2.1 中，经济力量和政治力量之间的关系与收入分配联系起来，收入分配来自经济的组织。社会中的富裕集团会运用他们的方式通过若干渠道对决策施加影响。而且，为了该集团的利益，使制度保持现有的分配不受损。如果能通过集体行动解决问题，低收入群体将使收入分配产生有利于他们的改变。正如曼瑟尔·奥尔森（Mancur Olson，1982）发现的，在规模较大的群体中存在悖论。因为每个个体从促进共同目标中获得的收入较少，个体理性行为导致团体成员坐享其他人的努力成果。

广义上的文化是指在社会中起作用的观点和信念。这些观点和信念会影响政治决策。相应的，经济因素在一定程度上决定观点和信念。通过对教育、科研机构和媒体的投资，经济优势地位会被用来影响公众意见。广义上的文化也包括对经济过程施加影响的非正式制度。研究表明这些制度是由历史决定的。一个典型的例子是关于社会信任的程度。在这方面，南欧国家与北欧国家在结构上截然不同。

路径依赖是将非正式制度归类为外生变量的一个原因。无论如何，非正式制度与图 2.1 中变量间不存在明显的关联。寻租不是为了调整非正式规则，但是由于有机会对正式规则的引入和执行都施加影响，寻租活动就猖獗起来。在华盛顿和布鲁塞尔有着众多领取报酬的说客就是活生生的证明。

正如第一章中所说，诺斯、沃利斯和温格斯特将自然状态和开放秩序区分开来。在自然状态下，特定的集团有时以变化的组成方式控制一切。在开放秩序中，自由进入经济与政治制度决定事态发展。开放制度都是在有着成熟经济的西方民主国家。对于它们的隐晦假定，即在这些社会中集团没有特定的活动空间，还是有许多反对意见。我们将在下面再次谈到这个问题，届时我们将探讨美国经济史，讨论有关政治经济理论的研究现状。

二、抽租模型

经济中占主导地位的集团将通过对其他主体生产性活动征税的方式抽租，这引起了许多有趣的问题。首先，在第一章已经讨论过，税收会导致经济活动减少。于是，提高税率在某个时候会导致税收收入降得更低。统治集团必须考虑众所周知的拉弗曲线。

对于纯粹的政治集团来说，最优税率由税收收入的最大化决定。对于“商业集团”来说，套用弗朗索瓦·布吉尼翁与蒂埃里·维迪尔（François Bourguignon and Thierry Verdier，2010）的术语，事情会更复杂。

布吉尼翁和维迪尔的模型中，经济由两个团体组成。每个团体中，成员拥有能用于商品生产的资产。上层集团的成员都拥有固定数量的资本。工人阶级成员以单位劳动来计算。最终产品（产出）能以两种方式生产。被征税的正式部门中，产品由雇用的劳动力和资本按照标准的新古典生产函数生产出来。正式部门假定是竞争性的。在非正式部门，产品由不交税的工人生产。正式部门的税后工资率越低，分配到非正式部门的劳动力数量就越高。该假定明显限制了上层集团榨取租金收入的可能性。

根据“商业利益”的不同，上层集团的税收也不一样，其决定因素是这些“商业利益”是否与劳动力互补。这一区别对于理解为什么上层集团的行为方式不同非常重要，正如布吉尼翁和维迪尔主张的“由主要依赖矿产资源的上层集团主导的经济可能与由依赖制造业出口的上层集团主导的经济表现不同”。（Bourguignon and Verdier，2010，p.3）如果抽租建立在自然资源出口的基础上，劳动力投入可以忽略不计，最优税率则由租金收入的最大化决定。在这种情况下，人们熟知的拉弗曲线再一次决定着产出。按照布吉尼翁和维迪尔的观点，这种状况可以在一些非洲国家和一些石油出口国观察到。

如果上层集团依赖制造业，劳动力将是一个引起抽租这一重要结果的互补要素。原因在于上层集团的总收入依靠市场收入及租金收入。市场收入依赖资本的边际产出，如果雇用的劳动力较少，资本的边际产出将会降得更低。因此，税收对租金收入产生积极影响，但对市场收入产生消极影响。最优税率将低于使租金最大化的税率水平。图 2.2 说明了这种情况，该图是对布吉尼翁和维迪尔的观点总结画出。在图中特定的抽租情况下的拉弗曲线将租金收入作为正式部门雇用的劳动力（L）的函数。劳动收入的税率（τ）与商业精英控制下的正式部门雇用的劳动力数量之间一一对应。当没有税收（$\tau=0$）时，劳动力的均衡数量表示为 L_0。当 L=0 时，税基不存在。上层集团的市场收入（资本的边际产出）如图 2.2 所示。雇用的劳动力越多，边际产出将越高。税收的最优税率在 L^* 处实现，L^* 是两种来源的收入总和达到最大时的劳动力数量。对商业精英而言，抽租动机与市场收入动机之间存在着权衡。

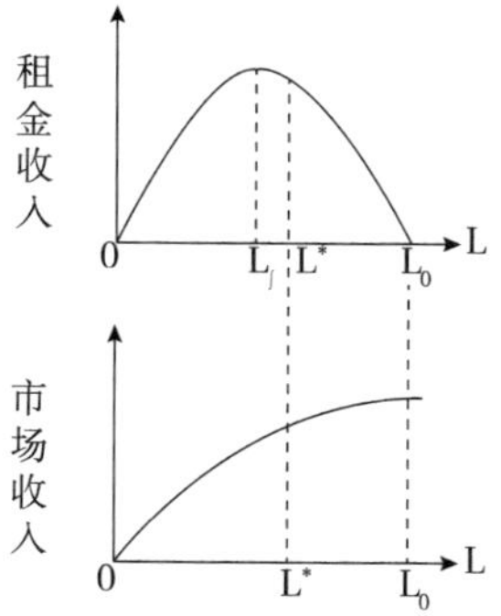

图 2.2 租金收入（上）和市场收入（下）

资料来源：Bourguignon and Verdier，2010。

布吉尼翁和维迪尔的模型在以下三个方面得到延伸。

（1）拥有有限国家能力的上层集团会投资发展额外的国家能力，以便于抽租。有限国家能力意味着拥有政治控制权的上层集团在对其他团体征税以抽租时存在管理问题。第一章表 1.1 列举了历史上行政管理权较弱的国家的例子。

（2）上述分析假定上层集团不能失去政治控制权。但是，如布吉尼翁和维迪尔研究的，“现实中，失去政治权力总是上层统治集团关注的主要问题之一”。（Bourguignon and Verdier，2010，p.9）这里的关键问题是这种可能性不能与掌权集团实行的再分配分开。

（3）如果不是对两种类型，而是对拥有资本的上层政治集团、熟练的工人集团和非熟练工人进行区分，那么经济结构将变得更复杂。含有三个因素的新古典生产函数产生了关于要素互补或要素替代的分类法。

从技术角度来看，这些扩展使模型变得复杂。为避免技术性细节，我们限定在讨论的某些结论上，这些结论在直觉上似乎是合理的。

（1）上层集团假定国家建设的投资边际成本是常数，是为了将这一生产能力维持在最低水平，或是将其提高至最大值。当国家建设投资的边际收益与边际成本相等时，临界水平出现。

（2）在失去权力的可能性较大的情况下，上层集团将不会对国家能力进行投资，因为如果工人阶级夺取了权力，将会用那些投资反对他们。值得注意的是，执政的工人阶级将使用与上层集团掌权情况下相同的逻辑，用“市场收入”动机预防“租金收入”动机选择再分配政策。

（3）假定上层集团维持执政的可能性取决于，与工人阶级自己支配经济的状况相比，他们在上层集团的统治下遭受的损失。那么，最优税收对工人的偏见会比在权力转移外生的情况下更少些。征税更少，工人阶级发起革命的动机就更少。

（4）三要素模型中，上层集团可以对熟练劳动力和非熟练劳动力采用不同的税率征税。详尽地描述上层集团问题的特征非常困难。布吉尼翁和维迪尔侧重于研究不同种类的资产相互之间的互补性与替代性作用。简单来说，上述讨论首先是限制在国家能力水平较弱的经济体中。上层集团缺乏抽租的动机，但是在资本和熟练劳动力存在强替代性的情况下，替代要素（熟练劳动力）可能会被征税，以增加自有要素（资本）的收益。这一政策被称为“要素价格操控”。非熟练劳动力不会被征税，因为在所谓的“替代商业精英”经济中，资本和熟练劳动力是替代品，而资本和非熟练劳动力是互补品。这一分析引发了一些评论。第一，在国家能力较弱的经济体中实现有效税收可能是不可靠的。国家能力较弱的特征是

> “负责征税和输送收益的官僚的无效率”。（Bourguignon and Verdier，2010，p.5）由于在分析中假定对劳动收入征税是有效的，较弱能力的国家假定需要一个不同的解释。第二、三要素新古典生产函数中互补性或替代性问题的讨论相当专业化。要素价格操控机制可以用阿西莫格鲁（Acemoglu，2009，Chapter 22）使用的更直接的方式来解释。在该模型中，统治阶级和中产阶级的成员会变为企业家，并用他们自己的方式生产出最终产品。上层集团会对中产阶级的产出征税。与布吉尼翁和维迪尔的分析一样，他们没有考虑榨取收入的动机。这种想法损害了中产阶级的利益，因此他们减少了对劳动力的需求。其结果是，均衡工资下降，上层集团受益。阿西莫格鲁用以下方式总结了其结果，“同样值得注意的是，与纯收入提取的情况不同，统治集团的税收政策间接地从工资正在下降的工人那里榨取资源”。（Acemoglu，2009，p.795）

到目前为止，所有分析都是静态的，但是政治和经济制度始终在变化。而且，阿西莫格鲁强调它们都是外生变量。为了理解这意味着什么，他建立了一个动态框架形式的概念模型，如图 2.3 所示。有两个状态变量，政治制度和资源分配，它们变化得相对较慢。为了分析制度的变迁，阿西莫格鲁介绍了法理上的政治权力与事实上的政治权力之间的区别。一方面，法理上的政治权力与现行立法和执行法律的机会有关。另一方面，事实上的政治权力通过在现行政治框架内以这种或那种方式产生影响而被获得。拥有充裕资金的上层集团有能力贿赂对手或使他们靠边站。相反，由于群众人数众多，如果他们能够组织大规模的抗议，他们就能施加影响，上层集团不得不考虑到这点。在获得事实上的政治权力的紧要关头，在使所有人的行动方向一致方面，群众总是比上层集团面临更大的问题。这就是我们在前面讨论过的集体行动问题。如果团体很大，许多人将单纯地等待其他人完成令人不悦的工作。事实上，“搭便车”行为是一个众所周知的现象。

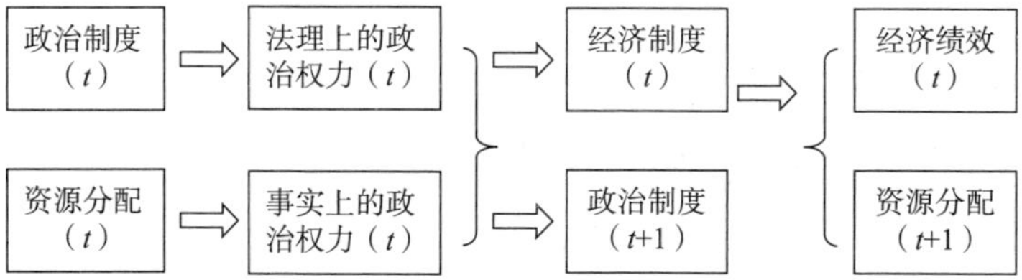

图 2.3　阿西莫格鲁的动态框模型

已有的争论意味着分配资源对事实上的政治权力产生了巨大的影响。最终，政治权力是法理上的政治权力和事实上的政治权力的总和。这一权力要素决定了经济制度，而且因此最终决定了财富和收入的分配。对阿西莫格鲁的动态框架图总结如下：在时间 t 时，政治制度既定，同时资源分配已知。权力的一般平衡决定了时间点 t 时的经济制度以及时间点 $t+1$ 时的政治制度。建立或调整制度，如议会监督、宪法权利、选举制度或非民主制度，比改变经济制度花费更多的时间。经济制度决定了时间 t 时的资源配置以及随之而来的时间点 $t+1$ 时的资源分配。后面的假定暗指物质和人力资本的积累是需要时间的。

这个动态框架可以用来构成历史事件的描述，或是用来建构政治体制转换的正式模型。达龙·阿西莫格鲁、西蒙·约翰逊和詹姆斯·罗宾逊（Daron Acemoglu，Simon Johnson and James Robinson，2005）用历史例子来说明理论观点。一个著名的例子就是 1688 年光荣革命后英国财产权的发展。在中世纪时期，政治权力掌握在国王和各种类型的世袭君主手中。统治者有充分的激励去保护他们自己的财产权，但是通常他们不会加强他人的财产权。结果，"中世纪时期的经济制度几乎没有激励人们对土地、物质或人力资本与技术的投资，因此未能促进经济增长"。（Acemoglu et al.，2005，p.393）

在这种情况下，相关方达成一个协议将是有益的。然而，统治者做出可靠的承诺是不可能的。没有人能确定一个专制的君主不会违背他的承诺。尽管如此，历史按照自己的路径发展。17 世纪经济与政治制度的主要变革为英国财产权的发展扫清了道路。英国贵族和商人财富的增长扩大了他们事实上的政治权力。这引起了政治制度上的变化，剥夺了英国国王大部分的政治权力。政治变革导致了经济制度的重大变化，刺激了金融和商业的扩张。这一影响在工业革命时达到顶峰。

正如上面所观察到的，这一动态框架也可以用来建构制度变迁的正式模型。达龙·阿西莫格鲁和詹姆斯·罗宾逊（Daron

Acemoglu and James Robinson，2008）提出了寡头政治和民主政治的体制转换模型。社会分为两个部分：上层集团和平民团体。工人生产产品，但不使用资本，所以没有套牢问题。劳动的边际产出是不变的。执政的精英压制劳动力，夺取总收入的一部分。这一部分是固定的。因此，不是精英的最优选择。如此简化模型，是因为重点在体制转换的分析上，并对两种政治体制进行了区分。在民主政治中，与精英相比，平民（工人）占多数，从而确保了工人根据他们的边际产品获得报酬。相反，如果是精英执政，工人将受到剥削，工资更低。用阿西莫格鲁和罗宾逊的话来说，在这种情况下，非民主政治盛行。但是，这样的情况也可能是寡头政治的典型代表。

模型旨在沿着图 2.3 安排的路线分析政治体制转换。上层集团与平民团体都对事实上的政治权力进行投资，但是上层集团总是比平民团体投资得更多，因为对前者而言利益更大。如果能成功解决集体行动问题，平民团体将获得更多的权力。在模型中，假定事实上的政治权力的来源是随机的，且随着时间的推移而波动。因此，这些波动将导致政治体制的均衡发生变化。建立在内生的、状态依从的与可转换的可能性基础上的马尔可夫体制转换结构成为社会的特点。在这一结构中，民主政治与寡头政治，以及随之而来的经济体制相互交替出现。

上层集团在民主政治和寡头政治下掌握权力的可能性分别由 $P(D)$ 和 $P(O)$ 表示。现在假定民主政治盛行，那么仍然存在在 $P(D)$ 下上层集团压制平民的可能性，并在接下来的时期中建立政治体制。在寡头政治的情况下，上层集团决定经济和政治体制的可能性是 $P(O)$。在基准模型中，$P(D)<P(O)$。因此，对政治体制来说，存在某种持续性。民主政治遵循民主政治的可能性 $[1-P(D)]$ 比民主政治遵循寡头政治的可能性 $[1-P(O)]$ 要更高些。在上层集团对权力投资的特殊情况下，模型在民主政治下和寡头政治下产生结果的有效性是一样的，即 $\mathrm{P}(D)=\mathrm{P}(O)$。阿西莫格鲁和罗宾逊用“恒定性”来概括这一状况的特点，“模型的特殊情况引起一种极端形式的效果，我们称为恒定性。即使政治体制沿着均衡路径变迁，经济产出的随机分配仍然是不变的”。（Acemoglu and Robinson，2008，p.287）作者指出这些结论可以解释历史事件，如美国南部的奴隶解放运动与拉丁美洲的殖民终结。在这两个例子中，上层集团不同形式的事实上的政治权力使得政治制度的变迁无效。

为扩展模型，假定对于统治集团来说，改变政治制度比改变经济制度要困难得多。这可能会导致所谓的“俘获的民主”。如果民主盛行，那么上层集团对事实上的政治权力的投资，可能会使他们转变经济制度的可能性比他们转变政治体制的可能性要高得多。在民主政治下，上层集团改变政治体制的代价很高，但是上层集团会进行足够多的投资，以便他们更可能决定民主政治下如何设计经济制度。在这种情况下，存在一种或多或少可持续的极可能压制劳动的民主政治。在阿西莫格鲁和罗宾逊看来，这一可能的模式能说明历史情况，如拉丁美洲非殖民化后经济制度的持续性。

这可能是正确的，但问题是，解释这些案例是否需要如此复杂的模型。这并非意味着那些复杂分析没有价值。阿西莫格鲁和罗宾逊的研究清楚地表明，平民与上层集团之间的政治斗争会改变资源配置和收入分配。按照他们在论文中设定的路径分析的正式模型有助于人们接受经济学中的冲突理论。也就是说，我们发现模型的动态内容稍显薄弱。没有向以资本和财富的积累为基础的经济发展留有一席之地。这并不令人满意，正如下面介绍美国经济史时将强调这点。

三、美国经济史

许多历史学者指出了美国历史上民主和财阀的交替时期。“财阀”一词指的是真正的权力掌握在资本巨头的手中。显然，寡头政治的概念更为广泛，这一概念指出政治权力取决于上层集团，他们可能有也可能没有自己的经济利益。

在财阀时期，商业和工业占主导地位，企业家没有受到任何方式的阻碍。收入差距很大。最近的 2008 年经济危机之后，许多评论家渐渐明白资本主义能够将民主烙上自己的印记。比尔·艾默特（Bill Emmott，2003）在《经济学人》上指出在这方面可能出错，下面的引文将明确说明。

商业与政府之间的紧密联系对民主政治与公众对民主政府的信任有害。企业的存在本身就对民主造成了难题，因为通过对资源、说服力和许多法律特权的要求，他们不可避免地比公民施加了更多的政治影响。类似的，政治公平受到极端财富的挑战，因为钱越多，就可以带来越多的政治权力。

然而，必须强调随着时间的推移，富人的权力会发生重大的变化。

凯文·菲利普斯（Kevin Phillips，2002）描述了美国经济中大量私人财富的地位是如何积累的，以及财富积累引起了大多数人怎样的反应。按照约瑟夫·熊彼特的观点，金融部门在整体经济中的作用十分突出。史蒂夫·弗雷泽尔和加里·格斯尔（Steve Fraser and Gary Gerstle，2005）完成了菲利普斯的分析，指出资本主义下的上层集团相互替代，“对特定的上层集团的统治挑战来自其他的上层集团以及民主的压力”。在权力的逆转中，观念也经常发生变化，尤其是在自满的、利己的精英让位于关注公正和公共事业的领导者群体时。尽管如此，上层集团依然执政，阶级斗争实际上从未在美国站稳脚跟。从民主的角度来看，欧洲和美国有着重要的区别。“真正的阶级斗争在多元化的美国几乎不可能，但是坚定的对自私的经济精英的对抗则像苹果派一样具有美国特色。”（Phillips，2001，p.XX）在第六章，我们将讨论欧洲和美国民主政治运转的不同模式。

为了避免一叶障目，表 2.1 描述了 1861 年至 2007 年美国资本主义的历史。这些时期的划分建立在菲利普斯的观点之上。某个特定的历史冲击，尤其是战争，导致资本主义动态变化。在“影响”一栏，每次冲击后随之而来的时期都被相应命名，财阀时期是（p），民主时期是（d）。战争在该框架图中发挥了重要作用。通常，它们预示着不受约束的资本主义时期，在这样的时期中，政治制度表现出专制制度的所有特征。第二次世界大战是这一规则众所周知的例外。这场战争强化了资本主义调控，与 20 世纪 30 年代富兰克林·罗斯福总统的新政一起到来。

表 2.1 美国资本主义的历史（1861—2007 年）

冲 击	影 响	时 期
南北战争（1861—1865 年）	镀金时代（p）	1875—1890 年
民粹主义抵抗（1890—1900 年）	进步时代（d）	1890—1917 年
第一次世界大战（1914—1918 年）	咆哮的二十年代（p）	1920—1930 年
大萧条（1929—1930 年）	新政（d）	1930—1947 年
第二次世界大战（1940—1945 年）	黄金时代（d）	1950—1970 年
越南战争（1965—1970 年）	新自由主义（p）	1975—2007 年

南北战争（1861—1865 年）引起了美国财富的重新调整，为镀金时代生产巨大财富创造了条件。正如钱德勒的研究，铁路和钢铁业为财富规模和范围的增长奠定了基础。资本主义表现出充分的活力，而且看起来没有人能够将其引入另一个不同的方向，正如菲利普斯发现的：“总统是民主党还是共和党，对 19 世纪 70 年代中期至 1896 年的经济哲学或经济管理而言，都是无关紧要的，因为国家政治文化受控于自由主义和社会进化论。社会进化论这一伪科学观念认为，富有的资本家代表着‘适者生

存’的选择过程。”（Phillips，2002，p.42）一系列数据证明，毫无意外，不平等大大加剧。（Phillips，2002，p.43）根据一份确定的计算，1890 年 1% 的美国家庭拥有超过 50% 的总财富，相比之下 1860 年大约是 29%。州一级收集到的数据也提供了类似的信息。

就收入分配来说，整个 19 世纪都表现出一致的模式。财富的积累与财富差距的扩大同时发生。早期的民主时期，仍然存在着抵制，但是“工业化的特征太强大了，以至于无法阻止”。（Phillips，2002，p.31）从制度设计及其结果的角度看，整个 19 世纪可被视作一个长期的自由企业对资本和财富积累的时期。正如菲利普斯所说，“国家对工业化，以及‘掠夺性财富’做出明确反应确实花费了半个世纪的时间”。（Phillips，2002，p.31）

在镀金时代，公众的焦虑和愤怒达到临界点。自然，随着许多令人瞩目的制度变革，时代的转折到来了。1903 年，美国商务与劳工事务部设立，这使调查企业行为成为可能。1906 年，铁路立法运动促成了《赫伯恩法》的通过，它赋予州际贸易委员会更多的权力。同年，西奥多·罗斯福总统提出关于收入和遗产税，以及禁止企业政治资金的实质性改革计划。对于农民和工人来说，这些年发展迅速、收益提高。收入统计仍然缺失，但是正如菲利普斯所说，“它们确实证明了一个重大的可能性，即进步时代带来了与其政治辞令相匹配的财富和收入的显著变化”。（Phillips，2002，p.54）

进步时代并未延续很长的时间，在第一次世界大战的影响下，旧的经济精英重新夺回了政治权力。然而，研究对这一时期给予了特别的重要意义。镀金时代是一个资本主义完全不受制约的时期，在此期间，大公司和它们的所有者（强盗资本家）享有几乎无限制的权力。贾科夫等人阐述了后者的重要性："铁路公司和大公司的出现增加了混乱。这些公司损害了乘客和工人的利益，通过侵略行为和可能是不经济的策略摧毁了它们的竞争对手，而且偶尔毒害、欺骗顾客。"（Djankov et al.，2003，p.606）纠纷可以在法庭上解决，但是"强盗资本家"影响法官的任命，或贿赂他们。众人的反抗引起了经济管制，管制形式包括反托拉斯立法、促进食品安全和负责任的药品使用，以及改善劳动条件。这意味着资本主义的根本变革，"在美国出现了管制国家"。（Djankov et al.，2003，p.606）

如上所述，第一次世界大战（1914—1918 年）终结了进步时代。反托拉斯暂停和联邦对战时研究的补贴之间的相互作用促进了大企业集团的出现。"一战"后，消费者需求和商业势头的相互作用决定了削减税收得到人们接受，并成"咆哮的二十年代"的动力。与其他任何的新发明相比，汽车占据了 20 世纪 20 年代，引起了几乎所有事物——从植物到居住模式——大量的迁移。投资推动的繁荣随着 1929 年令人意想不到的股票市场崩溃而终结，随之而来的是大萧条。这导致了随后被称为富兰克林·罗斯福新政的 20 世纪 30 年代的改革。正如菲利普斯所说，"20 世纪 20 年代对财富的崇拜变成了 30 年代的怀疑"。（Phillips，2002，p.68）

资本市场与税收措施的限制带来了平均主义思潮，因此，工会和蓝领工人增加。罗斯福新政的影响从 20 世纪 60 年代晚期持续至 70 年代早期，“这些年仍然是 20 世纪美国平均主义思潮的鼎盛时期”。（Phillips，2002，p.69）然而，1966—1982 年是一个充满不确定和不景气的时期。生产率增长缓慢，甚至停滞，企业经营者对美国自由企业制度的未来感到悲观。通货膨胀飙升，利率极高，由此导致了“隐藏的萧条”。

里根总统上台后，情况发生了变化。削减税收和宽松的监管预示着自由主义新时代的到来。供给学派的经济学家摒弃凯恩斯主义思想，在金融和建筑领域采取了新举措。同时，硅谷及其他地方奠定了技术革命的基础。20 世纪 90 年代伟大的技术狂热导致了证券市场的互联网泡沫，以及随后互联网泡沫在 2000 年的崩溃。但这一次的经济复苏即将来临。美联储和美国财政部的紧急财政援助消除了道德风险，与过去经历的财政问题相比，这是根本不同的。但是政治权力的平衡并未发生向有利于改革者的转变。

弗雷泽尔和格斯尔证实了表 2.1 所示的分类。他们讨论了美国历史上统治集团的变化。权力中心受到工人和农场主以及即将到来的精英和新寡头垄断集团的挑战。历史发展的特征表现为统治集团危机与其他集团接替的几个时期，并经常伴随着对公共责任和管制资本家扩张需要的不同观点。

第一个危机和接替时期发生在美国《宪法》生效后的几十年。联邦党人想要在美国建立英国式的贵族共和国。他们采用专制措施，导致民主反对派联合起来。联邦党人受到民主党的攻击，而且“后来的精英不得不适应已经成为美国共和制典型特征的民主政治”。（Fraser and Gerstle，2005，p.20）尽管如此，内战期间及以后出现的投机者、实业家和金融家引起了第二个精英危机和接替时期。这些人并不视自己为公共人。相反，镀金时代的新精英对公共领域既无知又轻视。

镀金时代民粹主义者对美国权贵资本主义的反应引起了精英危机和接替的第三个时期。美国新的领导人对大众福利表现出极大的兴趣，这是强盗资本家从未有过的。进步时代承诺“一个受国家监督的资本主义，国家不仅保障资本所有者的盈利，而且对富人影响政治和主导经济的能力实施民主检查”。（Fraser and Gerstle，2005，p.18）然而，第一次世界大战后，情况发生了戏剧性变化，精英选择减少民主成就。道利指出，思潮的改变有两个特征。首先，“一战将富豪转变成了爱国者，暂时促进了上层阶级对合法性的追求”。（Dawley，2005，p.171）其次，在十月革命和欧洲混乱的背景下，人们以怀疑的眼光看待劳动力市场的改革。因此，“在 1929 年财富分配达到了珠穆朗玛峰式的不平等，贫富间的差距比 20 世纪任何一个时期都要大”。（Dawley，2005，p.174）

大萧条结束了不受限制的财富积聚和投机，并为新政秩序奠定了基础，新政时国家设法确保企业的盈利能力、高工资人群和那些无法自食其力人群的社会福利。（Fraser and Gerstle，2005，p.23）最近的一个精英危机和接替时期发生在 20 世纪 60 年代和 2000 年间，此时新政联盟被保守主义运动推翻。使这次危机如此特别的是南方作为经济和政治权力中心的兴起。正如林德所说，“美国社会的南方化在很多领域都可见到，从种族两极化定义国家政治的公民权利，到用古老南方的减税、放松管制、自由贸易和商品出口措施的标准定义美国主流的经济状况”。（Lind，2005，p.253）

小亚瑟·施莱辛格从政治的角度分析美国历史上的交替模式。（Arthur Schlesinger Junior，1986）在他看来，存在着约 30 年的内生循环，表现在人们对公共事业和私人利益优势的关注交替出现。公共事业对政治有很大影响时期的特征是民主，而私人利益为中心的时期则被标记为资本主义。施莱辛格对历史的分类与表 2.1 大致一致，除了 1950—1970 年。正如作者所说：“20 世纪 50 年代与 20 世纪 20 年代一样，公共目的逐渐消失，使私人动机占主导地位”。（Schlesinger，1986，p.32）但是，随着艾森豪威尔在 20 世纪 60 年代急于为公共承诺，这带来另一个新的时期。因此，这种情况的循环只持续了相当短的时间，因为施莱辛格不得不承认 1975 年左右出现了更保守的思潮。在施莱辛格的描述中，战争并没有发挥决定性作用。政治循环被视作内生的，因为它们深深扎根于大众心里。在社会变化加速的情况下，一段时间后人们对此感到厌倦。这些变化比他们所能承受的要多，因此，激情、理想主义和改革逐渐消失。随着时间的推移，私人利益占主导地位的时期也引起矛盾。这些时期的特征是不满与反抗，最终达到一个突破点，进入一个新的政治时代，此时人们再次寻找人生超越自我的意义。

如此的美国政治循环的心理学解释忽视了经济与政治权力间的关系，这一关系在菲利普斯、弗雷泽尔和格斯尔的研究中占据了中心地位。在后面提到的他们的著作中，重点也是在介绍解释经济增长波理论，而非发展该理论。事实上，他们较多关注资本主义制度的变化，而几乎没有展现因果关系。可能历史学家的任务并不是探究因果关系，但是为了进一步分析资本主义的动机，理论上的详细阐述不可或缺。因此，在第三章中，作为推动财富积累和经济增长的重要技术进步将会被置于严格的审视中。

四、评价

诺斯等学者对自然状态和开放社会进行了区分。这一区分广义上与政治经济学理论中的寡头政治和民主政治的对比相一致。除此之外，这一理论探究了精英集团的政治权力对经济的影响。在这一方面，人们可能从纯粹的政治精英的角度或从有着自身经济利益的精英集团的角度来思考。在后一种情况下，精英有一个除通过税收来捕获收入（租金榨取）之外的替代选择。对竞争对手征收高额税收迫使他们减少产出水平，这会减少劳动需求，因而也会减少工资。由于平均生产成本下降，这样的要素价格操控扩大了精英的收入。

正如格雷夫发现的，国家可能缺乏对公民有效征税的行政权力。因此，精英有动机投资提升国家能力，以使征税和税收收入移交更有效率。布吉尼翁与维迪尔指出，上层集团将国家能力提升至最高水平，超越某一特定的临界值。但是上层集团将不会对国家权力进行任何的投资。如果他们失去政治权力，由工人阶级掌权的概率极大的话，存在着在后续阶段利用强有力的行政权力抵抗上层集团的可能。上层集团丧失政权的可能性依赖于上层集团统治下的工人福利与经济指引下的福利相比的差异。上层集团征收的最优税收，与外生权力转移的可能情况相比，对工人阶级的偏见将更少。

制度随着时间而变化，这就要求动态分析方法。根据诺斯等学者的观点，从自然状态转向开放社会与非个人交换或多或少的逐渐增加有关，这为新精英提供了利用经济活动的机会。一旦满足特定的条件，从自然状态向开放社会的变迁将很快完成。阿西莫格鲁和罗宾逊分析了建立在上层集团与平民的社会冲突基础上的政治制度的变迁。两个群体都对事实上的政治权力进行投资。因此，实际的权力平衡并非完全由现有的立法决定。马尔可夫过程模拟了对平民集体行动问题的解决方式，采用该过程引起了政治权力的变化。因此，随着时间的流逝，寡头政治与民主政治彼此随机替代。而且，如果假定政治制度变迁相对较难，在一个较长的时期内，上层集团可以决定民主政治下的经济制度。用人们接受的术语来说，即是被捕获的民主。

阿西莫格鲁和罗宾逊的模型并未关注资本积累和技术进步。事实上，这些现象可能引起政治权力波动，并因此引起相应的制度波动。历史学家，如菲利普斯以及弗雷泽尔和格斯尔描述了美国自共和制建立以来民主政治与财阀政治时期的交替。这一描述清楚地阐释了实际发展，但是也表明动态变化是由如下所描述的行动与回应体系决定的。如果资本主义不受管制，资本积累会引发多种消极影响。收入分配变得更不公平，外部性的重要性增加，同时道德价值逐渐削弱。不久，这将得到广泛支持的回应，这些回应将引起制度调整。然而，管制在很大程度上可能妨碍创新行为，减缓经济增长，从而导致抵抗过度管制，实现市场自由化。不受限制的资本主义扩张将再一次开始，循环运动随之完成。①菲利普斯以及弗雷泽尔和格斯尔的描述与波兰尼的双重运动观点相一致。

上述讨论的历史反思，并未关注技术发展的具体特征。传统文献中，技术发展对经济管制程度的显著影响仅仅只有零星认识。例如，贾科夫等学者指出了美国镀金时代转向进步时代与危及宪法国家的大企业出现之间的联系。在他们看来，这导致无效率，有必要进行国家干预。但是，仅仅因为对效率的考量，才产生制度，似乎是不可能的。正如阿西莫格鲁观察到的，社会冲突通常是管制领域变化的基础。也如波兰尼所强调的，技术变化是资本主义发展的重要因素。因此，思考技术进步的特征，以理解在资本主义制度下正在发生什么，是非常有益的。下一章将讨论不同的技术进步理论。

---

① 在西奥·范德克伦德特的著作中，通过应用种间竞争模型（Lotka-Volterra），构建了反复循环概念的模型。

第三章　增长的引擎

一、从外生到内生的技术变化

从20世纪50年代以来，增长理论在经济理论中占据很大比重。与其他人相比，阿西莫格鲁提供了最高水平的详细调查。显然，技术进步在增长理论中占据着主导地位。值得注意的是，技术进步在增长理论中的地位已经发生了极大的变化。最初，它被认为是给定的，因为仅需要考虑某些因素。在后面的发展中，完全从经济要素的角度来解释技术进步。正如本部分标题所表明的，从外生到内生。

在标准的新古典经济增长理论中，三个要素解释经济增长，即资本积累、人口增加和技术进步。后两个要素假定是外生的。假定人口和就业以相同的速率发展。因此，产出增长就由就业增长（工人数量增加）、资本存量的增长率和技术变化率来解释。将标准古典生产函数对时间进行微分，就可得到它们之间的联系。资本积累有赖于储蓄率。

如果没有表现为人口增加或技术进步的形式，或同时表现为这两种形式的外生增长因素，资本积累引起物质资本的边际产量减少，由此导致资本报酬率下降。但是，人口增加提供了一条出路，因为人口增加使得物质资本相对稀少，以至于资本报酬率不需要下降。这可以表明存在一种长期均衡状态，此时劳动力和物质资本表现出相同的增长率。因此，增长率同样适用于生产，意味着人均产出保持不变。以更高的人均产出的形式长期提高生活水平，这要求技术进步。在新古典经济增长理论中，通常假定技术进步是哈罗德中性，这意味着技术进步被设想为是劳动扩大的技术进步。在这一框架下，资本积累灵活地调整，人均产出以及财富由此增加，恰好与（劳动扩大）技术知识的指数式增长一致。这一结果被称为平衡增长路径。

向长期新古典均衡路径的转变过程如图 3.1 所示。横轴表示资本（K）与劳动力潜力（AL）的比率 k。比率 k 通常被称作人均有效劳动的资本率（$k=K/AL$）。劳动力潜力是劳动力（L）的产出以及这一要素在生产函数中的效益（A）。因此，要素 A 增加劳动力潜力。L 和 A 都按固定比例增长。纵轴为增长率（g）。这些增长率之和被称为自然增长率（g_n）。k 在图 3.1 中用横轴表示。资本增长率（g_K）依赖外生的储蓄率和内生的资本生产率。当人均有效劳动的资本率较低时，相对的资本稀缺带来较高的投资回报。因此，当资本增长率较高，并超过自然增长率（$g_K>g_n$）时，人均有效劳动的资本率提高，如图 3.1 中横轴所示。如果资本充裕，相反的情况将发生。此时 $g_K<g_n$，人均有效劳动的资本率下降。当 $k=k^*$ 时，$g_K=g_n$。资本、劳动力潜力和产出（Y）以相同比率（g_n）增长。因此，人均产出（$y=Y/L$）以劳动扩大的技术进步率增长。

值得注意的是，严格的劳动扩大的技术变化假定是明确的。实证研究揭示了关于经济史中不同时期技术进步特征的不同结果。

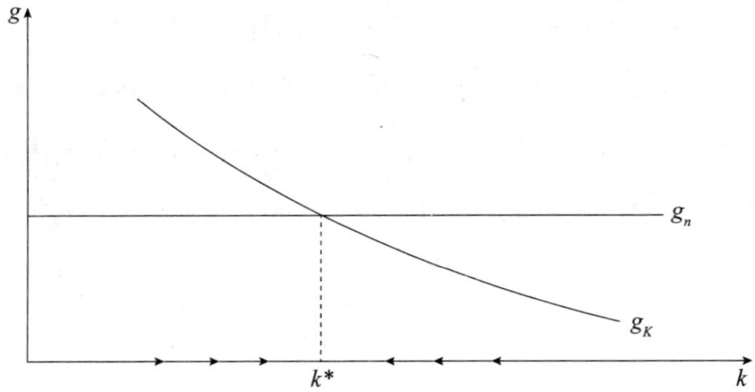

图 3.1　向长期新古典均衡路径的转变过程

20 世纪 50 年代中期，新古典经济增长理论得到发展。通常将此归功于诺贝尔经济学奖获得者罗伯特·索洛（Robert Solow，1956）。但是，其他学者也为经济增长理论的发展做出了贡献。与索洛同时开始构建新古典框架的澳大利亚经济学家特雷弗·斯旺（Trevor Swan，1956）的工作也值得关注。新古典经济增长理论并不令人满意，因为它并未对生活水平的提高提供解释。技术发展是自发的。这引起了经济文献中一些代表性的表述。例如，技术发展由“上帝和工程师”提供，或被认为是“天赐之物”。

尽管早年有尝试，但是经济学家直到 20 世纪 80 年代才以令人满意的方式将技术发展视为内生变量。同时，新古典经济增长理论以多种方式扩展，但并未从根本上改变它的结论。生产函数的不同具体形式，消费品和资本品（投资商品）生产部门之间的区别，以及经济主体在“完美的洞察力”下的决策共同丰富了理论架构。尽管这些扩展增强了人们对经济增长的理解，但是它们并未对技术变化过程提供新的解释。

如果技术发展用其他经济变量来解释，而忽视人口增长，经济增长理论中的所有变量都将变为内生变量。同时，有大量的文献讨论内生增长模型。这里，我们再一次参考阿西莫格鲁的权威著作，它简洁地审视其中的内生增长模型。表 3.1 中，我们根据它们的主要类型对这些模型进行分类，并指出其明显的特征。表 3.1 能用来了解下面的讨论。

表 3.1 内生增长模型

特征	类型		
	AK 模型	产品差异	熊彼特模型
增长的引擎	学习过程	研究和开发	研究和开发
竞争	完全	垄断	直接
均衡增长	过低	过低	过低或过高

内生增长理论的第一个也是最简单的一个版本是建立在微观经济结构之上的，这一微观经济结构并未从本质上偏离传统的新古典经济增长模型。保罗·罗默（Paul Romer，1986）做出了开创性的贡献，在企业中引入知识溢出效应，该效应使由资本积累导致的报酬减少变得无效。在标准的新古典模型中，竞争是完全的。技术知识被认为与物质资本存量有线性相关，其背后的推理思路非常清晰。因为，知识水平由所有相关企业的学习过程决定。

假定企业从过去的经验中获取经验。在这一情境下，物质资本存量作为一个衡量标准发挥作用。因此，技术知识与此变量相关。知识应该决定劳动力的产出潜力。在新古典生产函数的一般规范下，产出与资本存量之间存在线性关系，它被称为 *AK* 模型。其中，*K* 指的是物质资本总存量，*A* 是一个常数。[①] 增长是完全内生的，它依赖于资本积累。企业采用给定的技术知识并采取相应的行动，但是由于正外部性的存在，资本回报率在资本积累的影响下并未下降。有了正外部性，与建立在经济主体福利最大化基础上的社会解决方法相比，得到的均衡产出增长率过低。从这个意义来说，均衡是次优的。

在 *AK* 模型中，技术知识形式上是内生的，但是企业并未被要求做出明确的努力来研发知识。事实上，企业家花费了大量时间和精力在研究和开发上，以期要么降低生产成本（过程创新），要么开发新产品（产品创新）。这种现象正是内生增长理论扩展的核心。因此，人们应该意识到企业家必须赚回研发成本。例如，如果一名企业家开发了一种新产品或将一种产品升级，那么他将会要求某种形式的不完全竞争。企业家将对新产品或产品升级收取超过生产成本的价格。由此产生的剩余资金或利润用来补偿研发支出。而且，企业家必须获得新产品或产品升级的专利，防止仿造以保障收益。模型的拓展形式有两种。第一种，对最终产品的生产可能有多种投入，每种投入都有其自身的形式。第二种，

---

① 可能有些令人困惑，同一个符号 *A* 既用来定义劳动力潜力，又用在 *AK* 模型中，但是这并非不寻常，类似阿西莫格鲁的研究（Acemoglu，2009）。

不同质量的最终产品出售给有多样化偏好的消费者。两种解释产生了类似的结果。

只要相互间关系能充分说明清楚，建立在研发和垄断竞争基础上的内生增长模型能够解析求解，那么研发支出的效益在目前和未来都应当足够大。换句话说，“增长的引擎”应该强大到足以保证持续增长。如果研发过程中使用了稀缺要素，那么知识溢出效应必须保证引擎持续运转下去。这个条件在吉恩·格罗斯曼和埃尔赫南·赫尔普曼（Gene Grossman and Elhanan Helpman，1991）的开创性的著作中得到了满足。起点是消费者对提供的变量数赋值。这样的“多样化钟爱”使得引入新品种的消费品有利可图。因为，变量数量的增加产生了额外效用，从而增加了价值。企业或个人可以决定开发新产品的“蓝图”，并申请专利。[①] 品种市场的垄断竞争产生了利润，使企业能购买这些设计图。在这个产品差异增加模型中，不存在有关研发部门的进入障碍。自由进入意味着该部门没有超额利润。由于从过去的研发中所得到的知识溢出效应，长期来看内生增长是可能的。“站在过去的巨人的肩膀上”提高了目前用于研发的稀缺要素的生产率。市场经济的增长率比帕累托最优的经济组织下的增长率要低，因为私人企业

① 斯雅克·斯马尔德斯和西奥·范德克伦德特（Sjak Smulders and Theo van de Klundert，1995）选择了一个不同的方法。在他们的著作中，企业选择内部研发，以开发不太昂贵的生产方法。最终产品市场的垄断竞争为提供研发经费创造了机会。因此，企业的数量与产品品种的数量在这个模型中是不变的。在斯马尔德斯和西奥·范德克伦德特的著作中，两个模型结合起来，企业家依据报酬对比在过程创新与产品创新之间进行选择。

没有考虑跨时期的知识溢出效应。[①]

在产品差异增加模型中，缺少创新者（进入者）与现任生产者之间的直接竞争。但是，如果假定研发支出旨在实现对生产最终产品设备的质量改进，情况将变得不同。在这种情况下，某一特定类型的改进了的机器将淘汰现有的机器，尽管后者仍然盈利。这表明了约瑟夫·熊彼特提出的术语“创造性破坏”。人们应该意识到，现任生产者目的是改善设备，以保持领先于竞争对手。尽管如此，人们应当意识到，对现任生产者来说，减少他的利润并不吸引人。“偷生意效应”根据定义是其他人的一种活动。

熊彼特增长模型有不同的类型和模式。在其中一些模型中，出现了恒定的经济增长率，但是，这仍然是次优的。这些模型中，市场经济（私人部门）的增长速度比帕累托最优下的经济组织更高或更低。原因在于两个干扰因素——专属效应和偷生意效应——带来了不同的结果。专属效应表明，即使在非完全竞争下，企业也不能获取创新带来的所有效益。因此，研发投资将比从社会角度来看的最优投资要低。偷生意效应导致过度投资，因为创造性破坏的影响被创新企业忽视。在研发支出带来实质性的品质改善的情况下，创造性破坏占据主导地位，市场经济增长速度与帕累托最优下的经济组织相比将更高。这并不令人惊奇，因为重大的技术进步会破坏许多现有的活动。

---

① 在格罗斯曼和赫尔普曼的单一部门模型中，这样的垄断竞争没有引起扭曲，因为对所有的产品品种来说，成本之上的价格加成是一样的。

因此，相比其他模型，如产品差异增加模型，熊彼特经济增长模型更为现实，因为现任者与参与者之间的竞争清楚表明资本主义扩张可能会带来伤害。这些模型中，创造性破坏仅仅归结为消除垄断利润。事实上，经济价值的损毁有多种形式。在这种背景下，阿西莫格鲁指出技术进步导致（暂时的）失业以及企业特定的技能损失。毫无疑问，我们可以列举其他例子，但是市场的运转总是在一套既定的制度下发生，正如我们在第一章发现的那样。因此，事实上，价值毁灭是一个比出现在市场理论中的价值毁灭要复杂得多的概念。阿西莫格鲁似乎意识到了这一点，因为他声称在这种情境中，“熊彼特模型的主要观点是增长伴随着潜在的利益冲突而产生”。

二、通用目的技术

现实中，技术发展并不表现出熊彼特和其他的内生增长模型通常假定的相对平稳发展的特征。以技术重大变化为特征的时期被逐渐进步的时期所取代。与重要发明相关联的工业或技术革命，如蒸汽机、电力和微芯片，偶尔发生。在第五章，我们将更仔细地研究经济史。现在，我们主要限定在这些现象的理论方面。

最近，技术发展表现出不规范性的观点引起了经济学研究的关注。在这种背景下，重点放在技术突破和通用目的技术上。通用目的技术是使得众多扩展和进一步应用成为可能的技术发明。表 3.2 给出了这样的例子。引入通用目的技术在一定程度上重新确立了技术发展的外生性。由于这种突破性技术，全新的机会出现。然而，这并非意味着我们应当认为它是“天上掉馅饼”。显然，促进技术进步总是人类的工作。发明者与创新者可以利用现在的和过去的科学知识。但是，在外生突破的情况下，技术进步并不与经济变量如资本总存量的规模和研发支出水平直接相关。

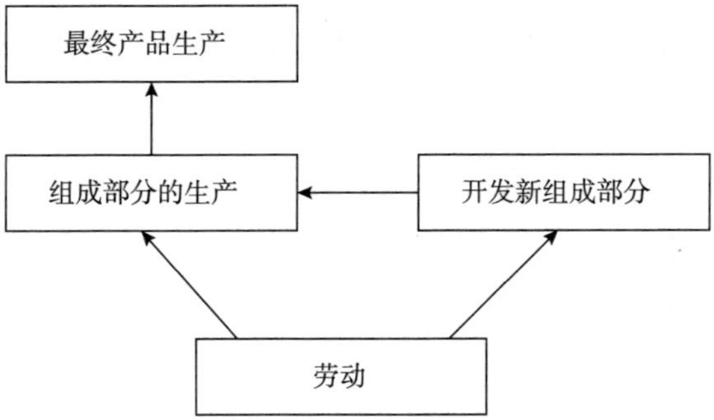

图 3.2　品种扩大模型图解

识别通用目的技术需要根据经验观察发现若干基本特征。埃尔赫南·赫尔普曼和曼纽尔·特杰腾伯格指出了通用目的技术特征的三个属性：“第一，它们非常通用，即它们被众多的经济部门作为投入品使用。第二，它们持续的技术进步潜能体现在事后的性能的持续改进上。第三，与用户部门的互补作用出现在制造业或研发技术中。”（Elhanan Helpman and Manuel Trajtenberg，1998，p.55）赫尔普曼和特杰腾伯格构建基于通用目的技术的技术进步模型时，强调生产过程中投入品的互补性。

分析依赖于品种扩大模型。对于每个通用目的技术来说，存在着大量相互关联的活动，图 3.2 以图解的形式表示出来。最终产品用大量的投入品生产出来，而这些投入品通过运用劳动生产出来。生产最终产品的所有要素的总生产率由现有通用目的技术决定。投入品的供应商持有财产权，并获得利润。新投入品的蓝图的开发能通过将劳动力配置到研发中得到。研发成本能得到弥补，因为生产投入品会带来利润。与大多数内生增长模型相比，这一模型的增长引擎疲软。新品种的积累引起报酬降低，不存在跨时期的研发溢出效应。因此，随着时间的流逝，开发新品种将不再有利可图。从长期来看，静态均衡将导致稳定的投入品数量。在达到这一阶段之前，一项新的通用目的技术可能进入该领域，使得最终产品生产函数的总生产率更高。为了实现这样的生产增长，必须生产出新的投入品。

一旦一项新的通用目的技术出现，所有的研发机构都将转到相关投入品组成成分的开发中。起初，新的突破性技术将不会应用于最终产品的生产，因为与旧的通用目的技术相比几乎没有专用投入被开发。然而，在某个特定的时期，将可获得充足的新通用目的技术的特定投入。届时，最终产品的生产者将转而使用新技术。利用新的通用目的技术来生产产品和服务项目，新的通用目的技术要求在之前就使用劳动力来生产新的特定组成成分。起初，所有的研发活动都将以研发新技术的组成部分为目标，因为从长期来看后者将会产生更高的利润。投资者表现出“完全的远见”，这是传统的新古典假设，因此他们立即投入最大的精力到新通用目的技术中。由于专利是将来利润的来源，因此专利非常有价值，尽管目前发明并未被投入运转。

从总体水平来看，赫尔普曼和特杰腾伯格的模型生成了一个循环模式。出现一项新通用目的技术后，由投入方面的工资和利润构成的实际 GDP 立即下降。只有在新通用目的技术实际应用于最终产品生产后，实际 GDP 才开始增长。这一循环模式可以用模型来模拟演示。第一阶段中实际 GDP 的下降是由劳动力的重新配置引起的，劳动力从旧的组成成分的生产机构和旧的研发机构配置到后期将使用的新组成成分的开发。最后阶段实际 GDP 的下降被第二阶段实际 GDP 的增长所抵消。如果新通用目的技术的出现有时钟式的规律，那么经济将长期增长，因为产出和全要素生产率在每个完整的周期中都增长。

赫尔普曼和特杰腾伯格的模型是第一代通用目的技术模型的代表。这种类型的理论受到美国 1973—1990 年“生产力放缓”思想的影响。然而，这一时期劳动生产率（每小时产出）并未下降，与上述提到的模型的情况一样，尽管从历史的角度来看生产率增长仍然是不符合标准的。用赫尔普曼和特杰腾伯格的修正模型可以模拟出类似的结果。在修正模型中，熟练劳动力用来研发，非熟练劳动力用来生产组件。花费 20 年的数据积累的修正模型的模拟结果显示，实际 GDP 增长在循环的第二阶段要高得多。

理查德·利普西、肯尼思·卡洛和克利福德·贝克尔（Richard Lipsey，Kenneth Carlaw and Clifford Bekar，2005）利用历史数据，确定了通用目的技术引进美国的时间点。他们定义通用目的技术是：通用目的技术是单一的共性技术，是可识别的。因为在其整个生命周期中，初始有许多改进余地，最终被广泛使用，拥有许多用户以及溢出效应。（Lipsey et al.，2005，p.98）这一定义与赫尔普曼和特杰腾伯格的定义并没有明显不同。然而，利普西等学者坚持认为，对于识别一项突破性技术来说，这些特征是必需的。表3.2显示了研究结果：在美国已确定的通用目的技术清单。根据利普西等学者的观点，西方世界的经济历史开始于公元前10000年。与我们的目的相关的是考虑自第一次工业革命以来的突破性技术。在过程创新（P_r）、产品创新（P）和组织突破（O）之间做出区分。

引人注目的是，生物技术和纳米技术是现代过程创新中仅有的实例。实际上，它们都是仍有待证明的通用目的技术。显然，过程创新与产品创新之间的区别有些不严谨。因为，新产品的引入可能带来生产过程的成本节约。在这一方面，蒸汽机的应用可以作为典范。不过，表3.2中，蒸汽机的特征是产品创新。而且，三大组织突破被划分出来。人们可能严重怀疑这些是真的独立的突破。相反，它们可能是一个复杂结构的组成部分。当我们在讨论卡萝塔·佩蕾丝理论中经济技术范式概念时，我们将回到这些问题上来。表3.2中通用目的技术的日期确定相当粗糙。这使得我们无法对通用目的技术产生的相互影响进行深入调查研究。按照利普西等人的观点，相互影响是分析的重要组成部分，“在我们考虑到的所有情形中，一项新的通用目的技术的全部影响（除了其他方面，对生产率）依赖于适用范围、新通用目的技术生产率，以及与其竞争的技术和组成部分的区别”。（Lipsey et al.，2005，p.411）

表 3.2 通用目的技术的引入

序号	名称	时间	分类
1	驯化植物	公元前 9000 —公元前 8000 年	P_r
2	驯化动物	公元前 8500 —公元前 7500 年	P_r
3	冶炼矿石	公元前 8000 —公元前 7000 年	P_r
4	轮子	公元前 4000 —公元前 3000 年	P
5	书写	公元前 3400 —公元前 3200 年	P_r
6	青铜	公元前 2800 年	P
7	铁	公元前 1200 年	P
8	水车	中世纪早期	P
9	三桅帆船	15 世纪	P
10	印刷	16 世纪	P_r
11	蒸汽机	18 世纪晚期到 19 世纪早期	P
12	工厂制度	18 世纪晚期到 19 世纪早期	O
13	铁路	19 世纪中期	P
14	铁轮船	19 世纪中期	P
15	内燃机	19 世纪晚期	P
16	电	20 世纪	P
17	汽车	20 世纪	P
18	飞机	20 世纪	P
19	规模生产	20 世纪	O
20	电脑	20 世纪	P
21	精益生产	20 世纪	O
22	因特网	20 世纪	P
23	生物技术	20 世纪	P_r
24	纳米技术	21 世纪	P_r

资料来源：Lipsey et al.，2005，本表经牛津大学出版社授权而复制。

三、鉴赏理论

为了理解经济中通用目的技术的重要性及其影响，利普西等学者采用了两种不同的方法。他们先是采用经济学文献中的“鉴赏理论”。这一理论没有用数学形式表达，主要是描述性的。它通常被用来获得技术变化及其社会意义的更广泛的情况。按照利普西等学者的看法，“鉴赏理论”不能代替正式的数学分析，而是获取知识的互补方式。而且，利普西等学者运用了一个简单的数学结构——logistic 曲线——更倾向在历史事实的基础上描述结构。此外，建立相当复杂的数学模型来模拟引入通用目的技术的后果。数据结果通过展现主要变量的时间路径显示出来。由于结果难以解释，即使是在相对不那么复杂的模型中，我们仅能关注分析“鉴赏”部分。

利普西等学者提出的“鉴赏理论”建立在他们所谓的结构主义－进化分解理论之上，该理论旨在打破新古典生产函数的黑盒子。图 3.3 说明了这是如何完成的。分解中所应用的概念简单明了，但是“促进结构”的含义需要讲清楚。促进结构的定义是“一组技术知识的实现方式，是指体现技术知识的实际的物理对象、人和结构”。（Lipsey et al.，2005，p.60）图 3.3 中有两种箭头。虚线箭头（A）表示自然资源流向生产产品的促进结构和为绩效的收入和产出的流向（B）。实线箭头表示内在关系。为了理解每种情况的意义，利普西等学者列举了几个例子。（Lipsey et al.，2005，p.56）

（1）新技术体现在新设备中。

（2）新技术使得先前无用的材料变得有价值。

（3）新研究实验室提高研发率。

（4）人口增加使收回荒地合算。

（5）新的公共政策需要创建新的政府部门。

（6）新的环境保护法使得开采某些矿产不再有利可图。

（7）新的税收刺激政策提高了研发数量。

（8）新的反垄断法改变了产业的积聚与布局。

（9）新的税收政策改变了收入分配。

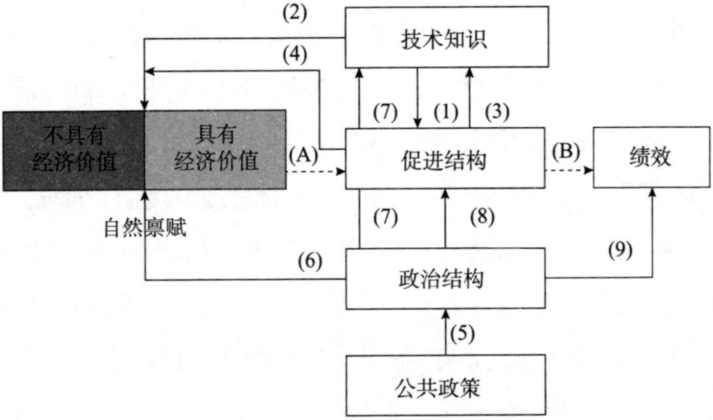

图 3.3　结构主义 – 进化分解理论

资料来源：Lipsey et al.，2005。经牛津大学出版社许可翻印。

通用目的技术鉴赏理论始于将历史记录置于技术、促进结构、政策、政策结构和政策绩效的结构主义进化分类体系中。这导致了大量的难以总结的观察。因此，这里我们将讨论利普西等学者给出的要点。新通用目的技术对技术的影响在很大程度上由其与已有通用目的技术间的关系决定。利普西等人强调，新通用目的技术随着时间的推移偶然出现。因此，新通用目的技术可能与那些本身还未达到其发展轨迹末期的技术相互竞争。例如，当与为工厂提供动力的蒸汽竞争时，水力使用效率显著提高。但是，当新技术与现有技术合作时，相反的情况也是有可能的。电力和信息通信技术的结合就是一个例子。

至于通用目的技术对促进结构的影响，利普西等学者区分了过渡时期的影响和长期的变化。过渡时期的影响与不确定性决策有关，引起投资繁荣、调整滞后。后者的一个例子是美国和欧洲的制造部门长期延迟的电气化。由于历时数年，运营的以蒸汽为动力的工厂的运行成本始终高于以电力为动力的工厂的所有成本，而不得不被取代。通用目的技术对促进结构的长期影响，是要求劳动力掌握新技术和新基础设施，而且破坏现有的抽租源泉，导致利益受损群体的反抗。在这一点上，利普西等人提出："当那些从旧的经济租金来源中获得既得利益的人有实质性的政治权力时，长期冲突经常发生。"（Lipsey et al.，2005，p.417）

导致政策与政策结构的变化与一个不同的教育制度安排有关。未能遵循正确的路线将产生严重后果，正如19世纪的最后30年，一方面是德国和美国的教育政策差异，另一方面是德国和英国的教育政策差异。第二次工业革命需要接受过工程技术训练的人员。英国未能跟随其他国家发生的变化，而是依赖其传统的非全日制教育和在职培训制度。这被认为是导致英国工业相对衰落的一个重要原因。"导致政策变化"标题下的另一个方面是，人们发现，"即使有也是极少数的现代通用目的技术的开发在发展早期并没有得到实质性的公共支持”。（Lipsey et al.，2005，p.418）在这点上美国国防部的作用众所周知。

关于通用目的技术对绩效的影响，出现了两种见解。（Lipsey et al.，2005，p.425）

（1）技术变化幅度、促进结构与政策结构变化幅度以及绩效变化幅度之间并无必然联系。

（2）遵循 S-E（结构主义 – 进化）理论的第二个重要见解是，技术变化的幅度及其引起的促进结构变化的幅度之间并无必然联系。

为了说明什么是利害攸关的，利普西等学者提到了英国的工业革命。在工业革命的前半段时期，即从 1780 年到 1820 年，英国虽然建立了工厂制度，但是组织性的通用目的技术并未伴随整体生产率而提高。1820 年后，蒸汽机被引入了工厂。这带来了许多促进结构的变化，人们搬迁到新兴工业城市，生产率和实际工资实现了显著增长。两个已确立的技术的联合得出了著名的推论，“这一时期技术变化不像 1780 年到 1820 年那样具有剧烈，且伴随着比 1780 年到 1820 年更大的生产率提高以及促进结构的变化”。（Lipsey et al.，2005，p.426）在这一背景下，利普西等学者反对通用目的技术的引入总是导致生产率减缓，这也就不足为奇了。

基于结构主义 – 进化分解理论的鉴赏理论相当折中，因此难以论述。但是，在“抽象的第二个层面”上，引入 logistic 曲线来构建更多的理论结构。该曲线的特征是起初缓慢，随后快速发展，之后逐渐减弱。利普西等人将其划分四个阶段，如图 3.4 所示。值得注意的是，图 3.4 的纵轴描述通用目的技术的效率或生产率。正如利普西等学者正确观察到的，“对单一通用目的技术的完整描述需要几个属性”。（Lipsey et al.，2005，p.434）为了简化起见，假定绩效完全由技术引起的单位服务成本来衡量。在实践中，这意味着必须适用许多协定。例如，重视耐久性可能需要调整折旧成本。这里，由于我们主要关注理论性问题，因此不详细阐述这些问题。但是，有另一种方式审视通用目的技术的影响。一项通用目的技术的进化及其衍生技术带来许多的应用，表现为新产品、新过程和新组织的形式。通常假定通用目的技术的累积应用也遵循 logistic 曲线。在这种情况下，用纵轴衡量变量“应用”。除了测量问题外，这可被视作描述通用目的技术时间路径的另一种方式。利普西等人利用一般方式分析效率和应用曲线进一步简化了这个问题。

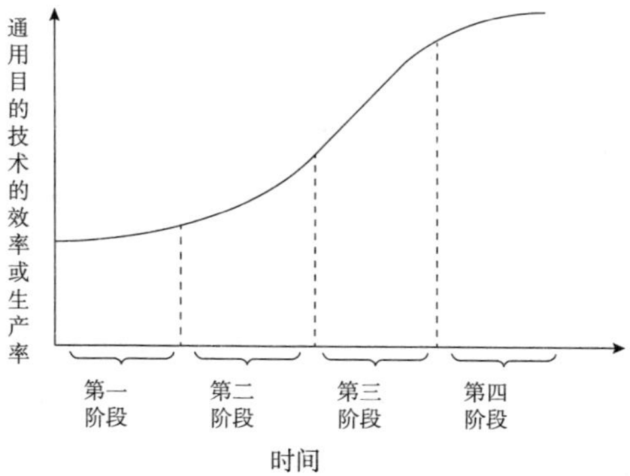

图 3.4　技术变革的 logistic 曲线

在第一阶段，新的通用目的技术被引入促进和政策结构，当时这些结构仍然适应于之前的通用目的技术。新通用目的技术的投资规模相当小。蒸汽机的改进提供了一个很好的例子。从 1700 年开始，最初该设备仅仅被用来从煤矿抽水。在这一点上，利普西等人指出，“这是通用目的技术的典型特征，开始时它只是一个相对效率不高的，且仅有少许使用者的技术，但是随着时间的推移其效率不断提高，应用领域不断扩大，使用者数量不断增加”。（Lipsey et al.，2005，p.184）

在第二阶段，重塑促进结构。这引起一个可能持续多年的混乱时期，这一阶段总是充满高度的不确定性。正如南森·罗森伯格（Nathan Rosenberg，1994）和利普西等学者反复说明的那样，技术创新是一项充满许多不确定性的活动。技术变化是一个复杂的过程，即使马克思也没有掌握其全部意义，正如罗森伯格（Rosenberg，1994，p.97）指出：

> 回顾马克思，很明显，尽管他深刻理解资本主义的技术动力机制，但是他没有理解这在多大程度上是由于制度措施降低了风险，而且风险降低促进了实验，使资本主义下的创新变得普遍。

在以实验为特征的世界里，当然有成功者和失败者。在 1850 年，蒸汽机被大规模利用在纺织部门、啤酒厂、钢铁生产和铁路行业。蒸汽船取代帆船是一个缓慢的过程，因为竞争提高了（航海）航运业的效率。正如我们所见，按表 3.2 的分类，蒸汽船是一项独立的通用目的技术。

选择和创造性破坏在第二阶段发挥了重要作用。这些活动不仅在现有经济活动的挤出，而且在推出新产品赢得胜利。在这种情境下，区分熊彼特 Mark Ⅰ和熊彼特 Mark Ⅱ之间的竞争非常重要。

约瑟夫·熊彼特对 30 年干预时期中竞争与技术进步的过程发表了不同看法。熊彼特 Mark Ⅰ来源于他在经济发展领域中的创新工作。但是，熊彼特 Mark Ⅱ是基于他对资本主义的看法，这是他在职业生涯的后期发展出来的。这两个看法的推出的地点和时间都不同。因此，两个观点可能都是正确的，因为现实取决于新兴通用目的技术影响带来的重大变化。

在第二阶段，在熊彼特 Mark Ⅰ竞争情形下，市场中有许多卖方。强烈的企业家精神和市场容易进入是这一阶段的特征。生产新产品所需要的知识对企业来说来自外部，换句话说，是公共知识。显然,可以想象,生产者模仿市场中的前辈。在这种情况下，外部溢出效应非常重要。然而，获取知识的方式是次要的。许多企业进入市场，价格竞争变得激烈。那些无法跟上的企业将被迫退出。最后，数量有限的能够利用组织规模的或者利用技术的企业生存下来。我们举几个例子来证明这一点。在美国汽车行业，1895 年到 1909 年企业数量大幅增加。在 1909 年的高峰时，汽车企业的总数达到 272 家。之后，汽车企业数量减少至 1941 年的 9 家，尽管汽车行业产出持续增长。另一个例子与收音机生产有关，这不是通用目的技术本身，而是引进电力的结果。利普西等人简洁地总结了其发展历程，“从 1923 年到 1926 年，超过 600 家收音机生产企业成立，但是到 1934 年仅有 18 家企业幸存下来。到 1934 年，‘进化之手’已经完成了 1923 年时单个个体无法完成的事情，从那些没有生存下来的企业中挑选出那些具有生存能力的企业”。（Lipsey et al.，2005，p.43）

在熊彼特 Mark Ⅱ竞争情形下，拥有长期专利的大企业主导着市场。因此，潜在进入者的障碍极高。竞争或多或少是一个例行行动，它旨在维持或扩大市场份额。这种类型的竞争符合第三阶段的 logistic 曲线。通用目的技术的应用机会众多，经济结构完全按新情况运转。因此,新通用目的技术的生产率很高。“例如，汽车批量生产的技术知识体现在工厂和汽车上。基础设施的大量投资，如道路和石油生产与分配，要求给予它们价值。”（Lipsey et al.，2005，p.411）

在第四阶段，通过通用目的技术创造新产品、新过程和组织完善的机会减少。一种收益递减类型开始。显然，在现有通用目的技术框架内进行改善的机会被耗尽。在一项通用目的技术的成熟期内，经济以更慢的速度增长。引入一项新通用目的技术可以解决这个问题。经济停滞增加了创新的压力。利普西等学者表达了同样的观点，“但是当一项通用目的技术开始经历 logistic 轨迹的扁平部分时，发明一项替代性技术的压力增加”。（Lipsey et al.，2005，p.439）然而，按照利普西等学者所说，通用目的技术的出现并不表现出一个固定的模式。预测新技术的到来非常困难。正如上面观察到的，突破性技术可能彼此交叉，并相互影响。

图 3.5 描述了一些可能性。随着时间的流逝，现有曲线 A 可能被其他可供选择的曲线 B、曲线 C 或曲线 D 之一替代。在哪些条件下将引入可供替代的其他选择，如果这真的发生的话，部分依赖于利润最大化的企业家的前瞻性。尽管在不同程度上，从曲线 A 转换到曲线 B 或曲线 D 使得生产率暂时降得更低。这些变量与赫尔普曼和特杰腾伯格的模型的表现状态一致。在他们的模型中，新通用目的技术的生产率最初达不到旧通用目的技术的生产率水平。但是，有远见的企业家为了将来的发展，投资于新通用目的技术组成成分的开发。尽管如此，在赫尔普曼和特杰腾伯格的模型中，最终产品的生产只使用一种通用目的技术。相反，利普西等学者强调，在实践中，通用目的技术不仅仅彼此交叉，而且相互增强，尽管图 3.5 并未显示出来。

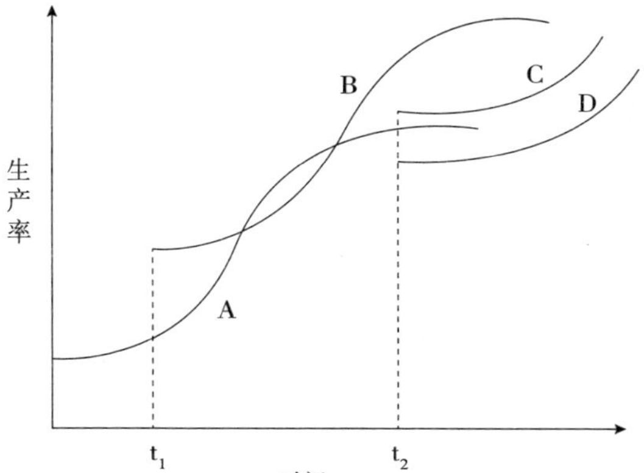

图 3.5 两个连续的不同模式的通用目的技术的生产率曲线

资料来源：Lipsey et al.，2005。经牛津大学出版社许可翻印。

利普西等学者对美国经济史上三项相互交叉的通用目的技术赋予了特殊的重要性，“直到 20 世纪 40 年代早期，美国经济的促进和政治结构发生了剧烈的变化，以适应电力、规模生产和汽车行业的需要”。（Lipsey et al.，2005，p.201）这些通用目的技术促进了从 1945 年到 20 世纪 70 年代早期的“长期繁荣”。在这一时期，技术进步保持稳定，促进结构微调以满足潜在的技术需要。在这种背景下，利普西等人指出电力是迄今为止最重要的技术突破，“电力改变了经济结构，以这样的方式，如果有的话，是自新石器时代农业革命以来的 10 000 年中历史上极少的、其他的通用目的技术已经做过的方式”。（Lipsey et al.，2005，p.201）

如果假定循环以每隔大约半个世纪的频率发生一次，经济史可以用更广泛的方式来构造。这样的观点得到卡萝塔·佩蕾丝（Carlota Perez，2002）的支持，她非常关注技术革命的概念。根据佩蕾丝的观点，一场技术革命可以被理解为“一个强大的、高度可见的新的动态技术、产品和产业的聚合，能够带来经济整体结构的提升，推动长期的兴盛发展”。（Perez，2002，p.8）在她看来，每一次技术革命都以其生命周期为特点，这一生命周期也可以用 logistic 曲线来描述。与利普西等学者的观点类似，佩蕾丝将技术革命的生命周期划分为四个阶段。其基本想法是一致的，但是有一个重要的区别。第二阶段和第三阶段之间的过渡“转折点”。在这一点上，与主要结构变化相一致的繁荣发展得到修正，因此后来经济能达到一个更平衡的增长路径。在佩蕾丝的展望中，这些变化通常伴随着金融危机，迫使企业和政府不得不将事情恢复正常。只有当现有技术达到成熟期，而且创新的压力与机会都很大时，一场新的技术革命才会产生。图 3.6 用两个对称循环说明了这个过程。两个循环，一个从时间 0 开始到时间 t_1，另一个循环从时间 t_1 开始到 t_2，涵盖大约 50 年。图 3.5 和图 3.6 有着本质不同。佩蕾丝用图 3.6 中的纵轴衡量累积应用，或她提出所谓的扩散程度。在这种情况下，假定当引入一项通用目的技术时，相比于图 3.5 提供的例子，其中纵轴衡量生产率，不存在“巨大飞跃”，似乎是合理的。

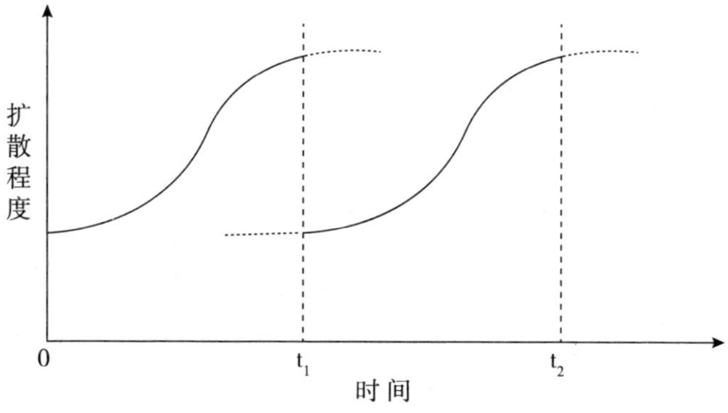

图 3.6　通用目的技术连续曲线

一场技术革命不仅仅包括引入单一通用目的技术。相反，它涉及一个连贯的由新技术发展组成的实体。除了新产品和新生产过程外，首先是与能源和原材料开发有关的变化。其次是与运输和交通系统有关的变化。最后是与基础设施有关的变化。这些都需要考虑。在新的通用目的技术情况下，重点在于已被区分开的技术间的协同性。而且，佩蕾丝也关注在技术革命后随之而来的转换“做事方式”的必要性。因此，每一次技术革命都伴随着技术–经济范式，对此佩蕾丝描述为，“最佳实践模型由一组无处不在的共有技术原则组成，它代表着应用某次特定技术革命和使整体经济现代化与恢复活力的最有效的方式”。(Perez，2002，p.15）这与利普西等学者描述通用目的技术出现的方式明显相似。但是，两种方法论立场显然不同。我们在最后回到这个问题上来。

四、评价

研究技术发展需要特定的情境。如果出现变化，需要明确哪些项目经历了这些变化。在新古典经济增长理论中，总生产函数起了这个作用。既定劳动力供给下的资本积累引起报酬递减，直到最终停滞。人口增加为这个问题提供了解决办法，但是它没有解释人均产出的长期增长。尽管如此，技术进步以外生趋势的形式保证了人均收入的持续增加。

自发技术进步的假设从一开始就被认为是不恰当的。资本积累与设备改进总是齐头并进。技术机会诱导富有创造力的企业家创新。科学进步带来了以研究和发展支出的形式投资创新的可能性。在这些原则基础上，建立了全面解释技术进步的内生增长模型。因此，理论从一个极端走向另一个极端。实践中，技术进步比以长期均衡增长为特征的模型要更加不稳定。这一见解打开了整合两个相当极端的理论立场的大门。

通用目的技术的引入揭示了经济增长过程。以新出现的通用目的技术为表现形式的内生增长动力与由此产生的内生研发的结合，引起表现为一个或多或少循环模式的增长。为了保持长期的经济增长，新的突破性技术需要频繁出现。尽管结果越发现实，基于瓦尔拉斯范式的通用目的技术模型越表现出许多局限性。构成这些模型的有完全预见能力的经济主体很好地进行调整，来为它们自己的利益服务，此时市场出清、均衡普遍存在。但是，这似乎并不是真实世界运转的方式。

利普西、卡洛和贝克尔通过引入“鉴赏理论”改变了这种情况，“鉴赏理论”是通过将普遍的实践经济学的数学方法与主要的语言方法进行对比来定义的。这里，我们将不回答他们对通用目的技术的分析是否足够严谨的问题。很明显，利普西等学者用他们的定义确定了西方历史上大量的通用目的技术。接下来，他们研究了其区分开的通用目的技术的普遍属性。他们详细说明的起点是进化论方法，这个方法考虑了投资者的不确定性、某些发展的路径依赖，以及冲突取代完美和谐的可能性。显然，这种设想比瓦尔拉斯均衡理论更接近现实。但是，利普西等学者想要沿着进化论路径更进一步，而不是仅仅用“鉴赏理论”推理。他们构建了相当复杂的模拟模型来说明通用目的技术的影响。但是，同在经济文献中经常碰到的情况一样，模拟模型是一个死胡同。由此产生的模拟带来了所有形式和规模的循环，但是缺乏一个明确的结论。“模型的目的是抓住历史事实中数量不断增加的丰富细节。”（Lipsey et al., 2005, p.495）这一保证没有让科学更进一步。

在缺乏一定程度的概括的情况下，获取科学知识是非常困难的。

从方法论的角度来看，寻求与约瑟夫·熊彼特同盟，似乎卓有成效。在导论中已经提及，约瑟夫·熊彼特呼吁一种创造“理性历史”的鉴赏理论。在这种背景下，熊彼特在讨论卡尔·马克思的著作时说：“他是一流的经济学家，第一个发现并系统地教授经济理论如何变为历史分析，以及历史论述可能变为历史理性。”（Schumpeter，1942，p.44）这种方法对于理解资本主义发展历史极其重要。当广泛讨论熊彼特的方法论观点与他为之努力的创新概念时，克里斯·弗里曼和弗朗西斯科·卢桑抓住了问题的核心，“创新本质上是历史性的，只能作为历史过程来理解。它的聚合与非随机分配，以及与组织结构和制度结构变化的联系，是现代资本主义有机运转的一部分”。（Chris Freeman and Francisco Louçã，2001，p.63）由卡萝塔·佩蕾丝详细阐释的长波理论，比利普西、卡洛和贝克尔的开放式方法更适合这个传统。在第五章，我们将详细讨论卡萝塔·佩蕾丝的著作，以及其他学者关于经济发展中长波理论的代表性著作。

第四章　追随领先者

一、复制技术

第三章已经提及，在新古典经济增长理论中技术进步是一个外生变量。但是，技术知识可以公开获取。就好像每个公司都可以在书中查找如何生产特定商品的蓝图。当存在许多截然不同的国家时，这种假设仍然有效。每个国家的企业都有可能利用更先进国家的技术。不同国家之间的福利差异可能是由于其他一些因素，如储蓄行为、人口增长和确定的初始情况等因素形成的。于是，就出现了落后国家是否能够赶上更发达的经济体这个问题。如果贫穷国家的人均产量增长速度比富裕国家快，那么我们认为这就是趋同。贫穷国家向富裕国家发展时，但这并不能保证当经济增长率相同时，人均生产水平也相同。也可能存在结构性差异，导致福利水平发散，即使趋同的过程已完成也是如此。因此趋同是不完全的。

在增长理论中，以不同的方式看待趋同的过程。在新古典经济增长理论中，趋同取决于相对稀缺的资本。假设两个国家除了可用的实物资本库存不同外，其他方面完全相同。相较于富裕国家，贫穷国家在初始情况下拥有较少的可用资本。由于新古典模型中假定收益递减，因此资本相对短缺意味着贫穷国家的边际及平均资本生产率将高于富裕国家，从而贫穷国家的储蓄会导致更高的产出增长率。因此，两国经济将趋同，然后它们将实现相同的产出增长率和人均产出水平。从长远来看，如果各国的结构参数彼此背离，生产水平的差异可能会持续。例如，从长远来看，在平衡增长的情况下，储蓄和投资比例较低的国家将有较低的人均资本量，因此，其人均产量会低于高储蓄率的国家。它们的长期增长率是相同的，都是由人口增长和技术进步所决定的。

这种可能性如图 4.1 所示。图 4.1 与图 3.1 相对应，不过图 4.1 中存在两个储蓄率不同的国家。领先国家，即国家 1，其增长率等于自然增长率 g_n，其长期均衡水平的有效资本与劳动力的比率用 k_1* 表示。只要 $k_2 < k_2$*，那么储蓄率较低的落后国家即国家 2 的资本增长率会更高。因此，这个国家的增长率处在趋同于领先国家增长率的过程中，但最终这种趋同会是不完全的。落后国家的长期均衡水平的实际资本与劳动力比率将小于富裕国家，即 $k_2^* < k_1^*$。

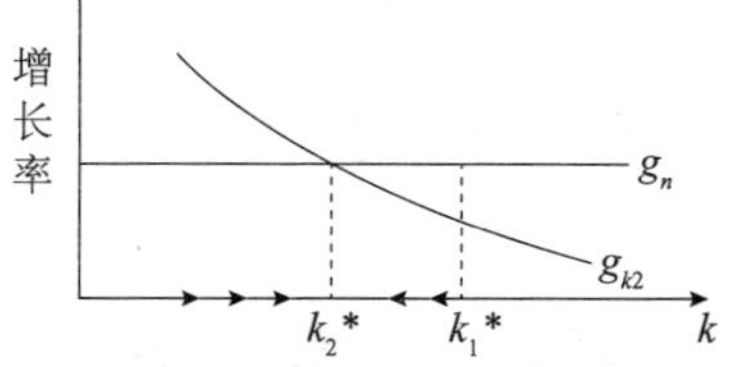

图 4.1　根据新古典经济增长理论得到的趋同

根据内生增长理论，要实现技术进步并不容易。各国需要做出一些努力，例如，在研发方面投入经费。显然，一个可以复制他国技术的国家是接近技术阶梯顶端的。然而，假设复制需要成本似乎是合理的。为了澄清这个问题，我们从一个简单的、戴维·韦尔（David Weil，2005）讨论过的两国模型开始。① 这两个国家有相同的劳动力供给，商品也只通过劳动力来生产。值得注意的是，这个模型中没有实物资本。领先国家的劳动生产率（A_1）可以通过更多地分配劳动力参与到研发活动而提高。分配到研发活动的劳动力比例越高，经济增长将越快。如果这个比例固定不变，那么经济增长率将是一个常数。在图 4.2 中，这个常数以水平线 g_1 来表示。国家 1 是技术领先者，g 表示产出增长率。人均产出增长率也等于 g_1，因为劳动力数量是固定不变的。作为追随者的国家 2 的生产率，相较于领先国家 1 的比率，则以横轴来度量（$a = A_2/A_1$）。如果这个比率为 1，那么趋同是完全的。由于技术溢出效应的存在，假定复制的成本低于创新的成本。我们可以说后进国家的公司得到了一个生产率奖励，因为它们能复制领先技术。生产率奖励的大小取决于各国知识溢出的强度。一个国家越是接近技术前沿，被复制的成本越高，模仿就越困难，可以被模仿的越少。因此，追随者的增长率是生产率比率的递减函数，正如图 4.2 中的曲线 g_2 所示。两个国家的增长率在比率为 a^* 时相等。

① 在西奥·范德克伦德特与斯雅克·斯马尔德斯的两个部门、两个国家的模型中，除了考虑领先国家和后进国家间的溢出效应外，还考虑它们在发展过程中涉及的国际专业化问题。

这个平衡是趋同过程的结果，如图 4.2 中横轴上的箭头所展示的那样。在 a^* 的左边，后进国家增长快于领先国家，在 a^* 的右边则正好相反。

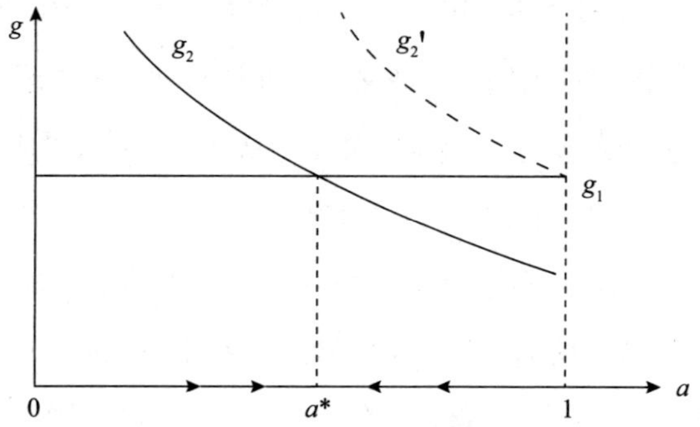

图 4.2　根据内生增长理论得到的趋同

这种情况下，赶超进程导致一个落后国家（国家 2）的生产率将永久低于领先国家（国家 1）的生产率水平结果。当然，这个结果与分析所基于的假定有关，因为模型假定模仿比创新需要更少的研发支出。国家 2 的快速增长在很大程度上是基于技术的溢出效应。如果两个国家以同样的速度增长，那么国家 2 的落后将成为永久现象。国家 2 在研发上比国家 1 支出更少，但国家 2 以同样的速度增长，这归因于溢出效应。通过将更多劳动力投入到研发活动，相对贫穷的国家 2 可以实现一个相对较高的生产率（a）。如果两个国家投入到研发中的劳动力同样多，如图 4.2 中的虚线曲线 g_2' 所示，会发生完全趋同（$a=1$）。根据定义，模仿的成本现在等于创新的成本。结果，研发支出较少的国家将处于较低的生产率水平，一个贫穷的国家减少对研发的投入将达到一个较低的生产力水平，这与新古典经济增长模型的结果一致，即较少的实物资本投资将导致较低的长期劳动生产率。

似乎可信的是，模仿是困难重重的。然而，与新古典主义形成对比的是，它需要讨论为什么国际技术转让并非是不证自明的。阻碍无限技术转让的第一个方面是“在富有的国家开发的技术将不适合贫穷的国家”。（Weil，2005，p.225）相较于富国，穷国会应用那些需要较少人均实物资本与人力资本的技术。如果富国的创新适合资本密集型生产方式，那么这些创新对穷国来说没有多大用处。韦尔举了磁悬浮列车的例子，它显然不会影响那些主要使用自行车和破旧公共汽车维持交通运输系统的国家的生产率水平。新技术的应用受制于该国家的技术吸收能力。这种技术吸收能力依赖该国的经济结构，它因一个国家的财富状况有差异而不同。在本章第三部分我们将回到这个问题。

阻碍无限技术转让的第二个方面是隐性知识。相当一部分应用于生产商品的知识并未成文，既没写在说明书上，也没有用其他方法。这些知识储存在工程师和管理人员的大脑里，而且以非正式的方式从一个人传递给另一个人。即使指导在理论上应该怎么做，但并不是总能成功完成。实践经验是必不可少的。积累经验需要时间和努力。

阻碍无限技术转让的第三个方面是专利。贫穷国家不得不等到专利到期或“绕过”这些专利进行创新。“绕过”策略需要付出大量的努力。当然，从另一方面来说，并不是专利权在所有国家都能很轻松、顺利地强制执行。

想要追随技术领先者，需要清除许多障碍。因此，毫不奇怪，赶超的过程永远不是线性的。实证研究使用一个多项式来表示国家的人均增长率（g）和人均 GDP 水平（y）与美国初始状况的关系。图 4.3 描述了这个关系。虽然在横轴上测量了国家 i 人均 GDP 相对于技术领先者国家的比率，我们可以比较一下图 4.3 与图 4.2。在这一点上，无论是在横轴上的人均收入还是人均生产率都没有显著的差异。因为在基于图 4.2 的模型中，两个国家的劳动力数量是相同的。在这种情况下，生产率的差值等于人均产出的差值。图 4.3 中，曲线 g^{US} 表示美国的 (常数) 增长率，曲线 g^i 表示其他国家的增长率，且两国的相对人均 GDP 已给定。图 4.3 是基于大样本得到的实证关系。在查特吉（Chatterji, 1992）的样本中包括 109 个国家，而范・斯海克和德・格鲁特（Van Schaik and De Groot, 1996) 的样本中包含 104 个国家。

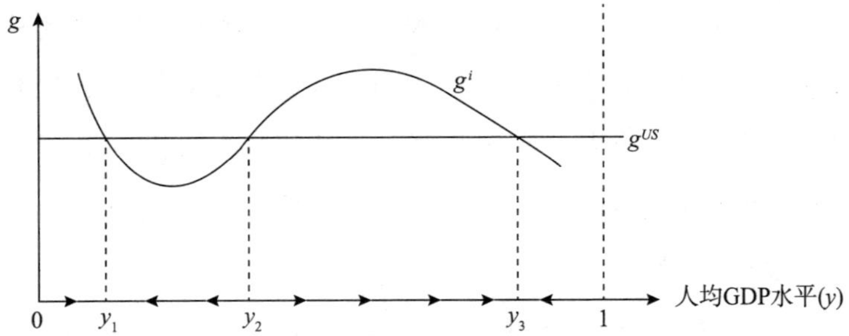

图 4.3　实证分析中的趋同和发散

图 4.3 也可以解释为这样一种理论关系，国家 i 的增长率（g^i）是在初始状态（y^i）下相对人均 GDP 的函数。图 4.3 中显示，曲线 g^i 与曲线 g^{US} 三次相交。在三个交点处，两个国家以同样的速度增长，也就是说，与技术领先者美国的增长率相同。然而，深入观察可发现，图 4.3 显示，对应比率 y_1 和 y_3 的均衡都是稳定的。相比之下，对应比率 y_2 的均衡是不稳定的。因此，相对人均 GDP 低于 y_2 的国家处于低水平均衡陷阱。初始状态为 $y_1 < y < y_2$ 的国家的人均 GDP 增长率甚至低于美国。这种情况可以称为散度。趋同只发生在初始状态为 $y > y_2$ 时。图 4.3 中 y_3 所对应的均衡并不是完全趋同。然而，在查特吉的研究中，初始水平为 $y_i > y_2$ 的国家会达到较高的均衡水平，与领先国家（$y^i =1$）的人均产出水平相等。决定是否完全趋同的制度因素将在下面进行讨论。多重均衡的存在性可以与向低水平均衡或高水平均衡移动的国家的趋同俱乐部及群体联系在一起。

正如前面所说，y^i 曲线可以被解释为一个理论的关系。问题是，如何解释曲线运行方式的复杂变化？或许有人认为，对于与技术前沿存在巨大差距的国家可以轻易地模仿先进国家的特定技术，要不是模仿的可能性下降，这些国家会增长得更多。低垂的果实总是容易采摘。接下来，落后国家会有一个阶段的发展与更先进国家足够一致，使得赶超成为可能。理解这一点意味着趋同假说必须受到限制，因为赶超不仅是一个技术落后的问题，还需要社会的能力。如摩西·阿布拉莫维茨所说："对于一个过去无法达到如经济发达国家的高水平生产率的国家，其顽强的社会特征通常是原因之一，甚至或许是实质的原因。”（Moses Abramovitz，1986，p.387）然而，社会能力和技术机会是互相作用的。技术机会迫切需要改变和适应。这意味着“社会力量对成功采取更先进技术的限制逐渐弱化，并允许更全面地开发技术”。（Abramovitz，1986，pp.388–389）此外，需要注意的是，赶超过程是自我限制的。因为赶超过程越接近完成时，尽管实际上看来赶超变得更容易，但生产率的奖励同时也越来越少。然而后进国家的增长率在下降。在特定的点 y_3（见图 4.3），领先国家和追随国家的增长速度是相等的。在一些有点复杂的实证和理论方法中，趋同俱乐部起源于新古典模型的扩展，然而考虑内生增长和各国间的技术转移这似乎是符合现实的。

二、赶超和制度

亚历山大·格申克龙（Alexander Gerschenkron，1962）在其关于经济落后的著名论文中，列举了一些工业化过程的特征。经简要总结，这个过程可以归纳为以下几点。其中，这些特征越明显，其经济越落后。

（1）与先前的发展不连续。

（2）重点发展大型工厂和企业。

（3）经济更集中于那些制造生产物资而不是消费商品的行业。

（4）对国外技术借用和资金援助的依赖性大。

（5）生活标准的下行压力大。

（6）公共机构例如银行和政府的代理角色很重要。

格申克龙特别强调进行大规模投资的工业化，会存在广泛的活动。在这一点上，应该强调经济代理人是不愿意去应用更先进技术的。相对劳动密集型的生产方式由于其低工资成本而不是一个选项："最重要的是去考虑这点的事实是产业工人，从某种意义上说，他们是一个稳定的、可靠的、有纪律的、已经切断了与土地相连接的脐带的群体，而且已经适应了在工厂中工作。但是，在落后国家，产业工人的数量并不充裕甚至是极其稀缺的。"（Gerschenkron，1962，p.9）在制造业，有着相辅相成的发展问题："特定线路的工业进步果实作为外部经济被工业的其他分支接收，这些分支的进步反过来也会使前者受益。"（Gerschenkron，1962，pp.10–11）进行如此大规模的投资，需要大笔的资金。在某些情况下，例如过去在德国，与企业保持密切关系的银行为工业扩张提供资金。在其他情况下，政府必须通过补贴公司或限制竞争为企业提供帮助。落后经济体的情况与工业革命前夕的英国是不相同的。首先，当时英国的工业发展是渐进的。第一次工业革命是以相对规模较小的水力行业机械化，以棉纺织业和铁制品占突出地位为特征的。而且，在英国，资本是通过有利可图的贸易活动积累起来的。其次，在产权得到保障之后，工业化发展可以在没有政府直接支持的情况下继续进行。

格申克龙的描述表明，在落后国家的工业化进程中，制度是极其重要的。然而，孕育出工业化的制度也有负面影响，越接近技术前沿，就越需要进行创新而不是模仿。这是达龙·阿西莫格鲁等学者的研究重点。他们分析一个在前沿技术之下运行的国家的增长机会。阿西莫格鲁等学者的模型如图 4.4 所示。实线箭头表示模型中的产品流动，虚线箭头则表示模型中的驱动力。

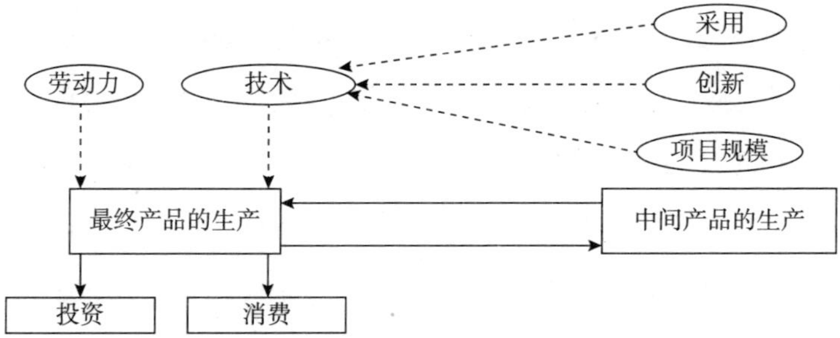

图 4.4　阿西莫格鲁等学者的模型中主要关系的示意图

资料来源：Daron Acemoglu，Philippe Aghion and Fabrizio Zilibotti，2006。

在完全竞争下根据现有技术投入劳动力和中间产品来生产最终产品，劳动力供给不变。在“生产现场”生产出的中间产品归资本家所有。经济由生存在两个时期、代际交叠的代理人构成。资本家在“生产现场”有财产权，工人拥有一些技能。在每个场所都存在一个领先的、有一定垄断力的公司。准入限制允许公司设定一个限制价格。资本家雇用管理人员经营公司。生产一个中间产品需要一个最终产品。管理者设定中间产品的价格，这将决定利润。利润在资本家和管理者之间进行分配。存在管理者有机会将利润据为己有而不会被起诉所引起的道德风险，可以通过管理者分享利润的方式来解决。技术进步取决于三个部分。首先，管理者在前期采用世界上现有的最先进技术。其次，高技能的管理者能在前期依赖本地知识的状态进行创新。管理者（或企业家）分为低技能和高技能两类。资本家事先不知道雇用的管理者的技能水平。管理者的能力是事后显露的。最后，拥有新技术知识的一代人所从事项目的规模由资本家决定，因为资本家要承担投资成本。投资成本包含最终产品的数量。

资本家希望实现产量最大化。在每个时期，他们必须决定两个问题：第一，投资项目的规模；第二，是否保留没有创新能力的低技能管理者。若无视创新特征，保留原有不熟练的管理者会有利可图，因为这样的管理者可能会将自己的利润再投资于公司而分担投资成本。这些留存收益会吸引资本家投资于大型项目和保留老的低技能管理者。保留老的低技能管理者的这种选择不得不与雇用技能状况未知的新管理者相比较。要使得这种替换成为可能，资本家必须知道新雇用的管理者是高技能的，从而能进行创新。最后，应该注意到，旧的高技能管理者永远不会被取代。取代低技能管理者的决定还取决于其他方面，如其劳动生产率（A）相对于技术领导者劳动生产率水平（$\overline{A}$）的程度。类似于本章的“复制技术”，比率 $a=A/\overline{A}$ 估量与技术前沿的接近程度，即对该国与前沿差距的倒数。如果比率 a 较低，那么资本家会倾向于保留老的低技能管理者，因为投资于模仿领先者技术的大项目非常有利可图。在技术前沿的附近则不会发生这种状况。为使利润最大化，会努力去创新。在这两种情形的中间，存在一个比率 a_s。若 $a<a_s$，老的低技能管理者会被留下（政治制度为 $R=1$），但是如果超过这个临界值，即 $a>a_s$，这些管理者会被解雇（政治制

度为 R=0）。

这个分析有点复杂，但其结果可以使用图形来阐明。因此，我们选择设置与阿西莫格鲁等学者不同的模型。我们运用不同的方法来保证与本章“复制技术”中图形的可比性。如图 4.5 所示，我们把后进国家的生产率（A）看作生产率比率（$a=A/\overline{A}$）的函数。A 的增长率等于最终产量的增长率，因为在生产率水平和总产出之间存在线性关系。此外，技术领导者的增长率 g_1 是常数。

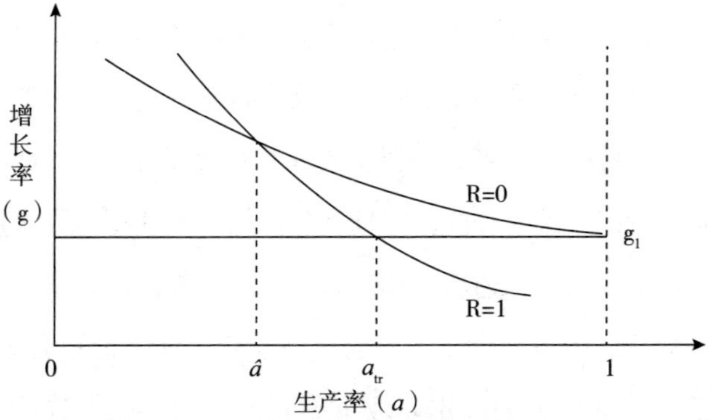

图 4.5　不同政治制度下的赶超

后进国家的增长率（g_i）取决于其选择的制度对管理者的选择。R=1 的政治制度会保留低技能管理者，当接近于技术前沿时其增长率随着 a 的递增而递减。最初，R=1 政治制度下的增长率高于 R=0 的政治制度，而在 R=0 时，老的低技能管理者会被更年轻的管理者取代。当生产率 $a=\hat{a}$ 时，两种制度下的增长率相等。在 R=0 的政治制度下，增长率（g_i）也会下降，但与 R=1 的政治制度下相比，下降得要少一些，因为额外的增长引擎正以高技能管理者的创新形式运转。这个额外的经济增长来源也保证，在这个模型中最终实现完全趋同，即 a=1 时 g_i=g_1。与此相反，如果制度 R=1 始终保持不变，那么不会发生完全趋同，并在 a=a_{tr} 时达到长期均衡，在该均衡下有 g_i=g_1。阿西莫格鲁等学者将这种情况称为非趋同陷阱。完全趋同不会实现，因为经济缺乏充分的创新。

追随者最终是否能走出趋同陷阱，取决于制度转换。显然，制度转换情况下的生产率 a_s 取决于最大化利润的资本家所做出的权衡。当保留老的低技能管理者的公司价值低于雇用年轻管理者的公司的预期价值时，生产率水平会达到阈值 a_s。

对赶超过程的结果而言，a_s 是在 a_{tr} 的左边还是在 a_{tr} 的右边很重要。在前一种情形下，经济及时转换就能够完全趋同。在后一种情形下，如图 4.6 所示，经济陷入低均衡陷阱。正如之前所讨论的，资本家将在生产率达到 a_s 处时进行转换，但现在这种转换将不会发生。经济将在点 a_{tr} 处陷入非趋同陷阱。仔细观察图 4.6，

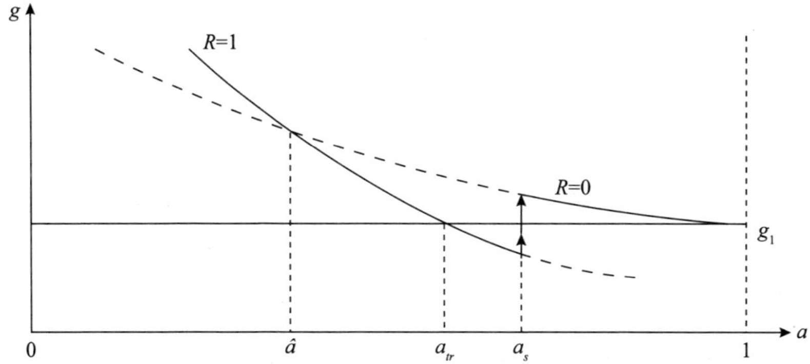

图 4.6 制度转换失败情况下的赶超

它表明这种低水平均衡是稳定的。经济的大幅落后可能是太长时间依靠阿西莫格鲁描述为投资型战略的结果。为了达到完全趋同，需要及时转向创新型战略。

什么和这个制度完全相关？在阿西莫格鲁等学者（Acemoglu et al.，2006，p.64）的模型中，制度主要关注落后国家的反竞争政策："在落后的经济中，当政府选择低竞争环境以激励长期关系、更多投资和更快的技术趋同时，这种情形令人想起格申克龙的分析。"限制中间产品进入市场提高了在位企业的利润。更高的回报使投资项目更有吸引力。这种所谓的"专用性效应"的结果是低技能管理者将经营更长时间。公司拥有金融资源和关系以避开挑战者。在制度转换失败的例子中，这个方面在文献中被称为租金保护（rent-shield）效应。最终，在这种基于投资型战略的政治制度下，限制竞争的影响将长期存在。从社会角度来评估结果的含义，我们需要一个标准。对福利的比较通常的规范是消费流的现值。在论文的正文中，阿西莫格鲁等学者从增长最大化的角度讨论制度变迁。他指出，将福利最大化策略与均衡相比较"和将增长最大化策略与均衡相比较非常相似"。（Acemoglu et al.，2006，p.61）

制度变迁延长了执行投资型战略的周期，这种观点可能优于增长最大化的观点。图 4.7 说明了这种情况。在该图中，均衡状态的转换点 a_s 位于制度曲线 R=0 与 R=1 交点 $\hat{a}$ 的左侧，因此这种经济切换到创新型战略还为时过早。这种情况是否会发生取决于初始位置的生产率比率 a_{t-1}。我们可以说当 $a_s \leqslant a_{t-1} < a$ 时，将

增长最大化战略进行转换是不合适的。在图 4.7 中，限制竞争导致 a_s 移到右边，例如移动到点 a_s^1。如果这种移动足够大，即 $a_{t-1} \leqslant a_s^1$，那么经济体会发现自己处于投资型制度。这时反竞争政策将导致落后经济体的高增长率，这完全符合格申克龙的观点。如图 4.7 所示的 $\hat{a}<a_s$，限制竞争也会导致 a_s 移动到右边。结果转换到创新型战略（R=0）的时间晚于应该从增长最大化战略进行转换的合适时间。这意味着增长率低于没有制度（这里指竞争政策）变化的情形。如果这种情形长时间持续，经济将有陷入非趋同陷阱的危险。因此，当经济接近技术前沿时，不应该过于限制竞争。如果国家变得更富有，更多的竞争将引起更多的创新，从而使经济快速增长。阿西莫格鲁将这种情形做了如下总结："适合早期发展战略的制度因而在接近前沿变得不再适合。采用这种制度的经济体后来会放弃这样的制度。"（Acemoglu et al., 2006，p.65）

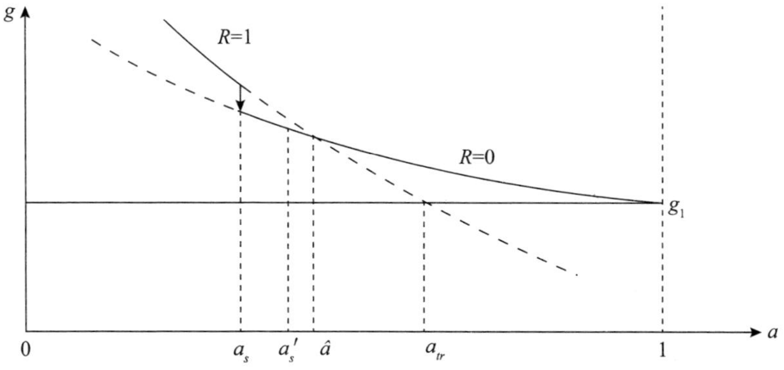

图 4.7　赶超时过早进行制度转换的例子

我们用两个评述来结束这个分析。第一个评述涉及使用投资补贴培育投资型战略的可能性。如果政府占投资成本的一部分，那么图 4.7 中的 a_s 会向右移。可以计算为了使 a_s 与 $\hat{a}$ 相一致所对应的补贴水平。第二个评述涉及一个经济体陷入政治经济陷阱的可能性。如果需要，经济实力可以转变为实际上的政治权力。阿西莫格鲁等学者假定，在前期获利的资本家会尽可能地贿赂政客以限制竞争。更少的竞争会带来更高的利润。投资型战略因此遗留下来，成为长时期内更好的战略。如图 4.6 中所显示的，这也许会导致经济陷入非趋同陷阱。

正如我们所见，格申克龙在他关于落后和增长中所提出的问题之一是专注于生产资料产业而不是消费品行业。我们将在下面阐述这些问题。

三、结构转型

赶超并不仅仅意味着通过模仿现有技术实现快速增长。经济的结构也需要适应，这个过程需要时间。赶超需要经济结构的转变。经济部门的结构取决于发展水平。结构变化带来自身的问题，尤其是在发展中国家。因此有必要关注这一现象。

使用大量国家的横截面数据可以证实，经济部门的结构在不同的水平的解集遵循一个标准模式。这意味着不同部门的增加值在总增加值中的份额是人均 GDP 的函数。其他解释变量，如人口规模和出口对 GDP 的比率，可以被考虑以提高统计关系。钱纳里和赛尔昆（Chenery and Syrquin，1975）的多国模型涵盖了1950—1970年，并包括101个国家。汉克·范·盖默特（Henk van Gemert，1987）使用一个合并的横截面时间序列分析来估计标准模式，在这个研究中考虑了随着时间推移的自主变化。然而，范·盖默特仅仅将在1962—1980年的19个经合组织国家作为样本数据，以至于发展中国家的工业化进程仍然是被忽视的。莱希德罗·普拉杜斯·德·拉·埃斯科苏拉（Leandro Prados de la Escosura，2005）利用欧洲18个国家在1850—1990年（个别国家可获取的尽可能久的数据）的数据，研究其结构转变。因此，重点是早期的工业化模式与后来者之间的区别。比较世界大战前的行业模式与标准模式的差别，埃斯科苏拉得出结论，"在后来者的例子中，在相同的收入范围，其相对规模的工业产出增长速度更快，这支持了格申克龙的论点，即后来者的工业增长速度更快"。（Leandro Prados de la Escosura，2005，p.15）

观察标准模式得知当人均GNP增加时，第一产业（主要是农业）的增加值所占份额下降，而服务业的增加值所占份额上升。制造业的份额最初是上升的，但在收入水平相对较高时下降。类似的结果适用于制造业就业人数在总就业人数的比例，尽管其转折点在人均GNP水平较低处。[①] 对制造业在收入水平较高时产出和要素使用份额反而下降进行反思，赛尔昆指出："这种下降在过

---

① 让·富拉斯蒂埃（Jean Fourastié）开拓性地研究了结构发展的三部门模型。尽管他根据需求和供给分析了产出和就业所占份额的模式如何变化，但是他的工作在经济学文献中没有得到应得的认可。

去的 20 年里发生在几乎所有的工业国家，并被称为去工业化。”（Syrquin，1988，p.239）

根据罗伯特 · 罗森和拉马纳 · 拉马斯瓦米（Robert Rowthorn and Ramana Ramaswamy，1999）的研究，去工业化是与制造业就业份额下降有关的一个现象。为解释这一现象，他们坚持认为，制造业产出的比例应该按照实值测量，因为实际产出份额的变化显示了制造商需求的收入弹性变化的影响。制造业实际产出份额下降的本身就导致了制造业就业比例的下降。然而,这并不是全部，因为必须考虑发散的生产率变化问题。制造业的生产率增长高于其他行业，这需要更少的劳动去生产一定量的产出。除了这种供给效应之外，还有一个需求效应，因为生产率增长的差异转化为相对价格效应。制成品变得相对便宜，从而刺激了对这些产品的需求。

在图 4.8 中，罗森和拉马斯瓦米用图解的方式通过展示制造业产出和就业的实际份额（曲线）与假想模式的比较来阐明了制造业发生了什么。为了方便起见，假定各条曲线在初期都有相同的实际产出和就业份额。假想曲线显示了如果所有部门的增长率都相同时，产出和就业所占有的始终如一的份额。假想曲线的形状反映了就制造业而言的收入弹性的变化：起初比较高，后来在更高收入水平处开始下降。产出和就业的实际份额与假想曲线值不同，这是由于制造业相对快速的生产率增长，即供给效应（生产需要的劳动力更少）和需求效应（更低的价格导致更多的需求）的影响都考虑在内。实证研究表明，去工业化主要是发达经济体的内部因素造成的。根据他们的研究，发达经济体与发展中经济体的贸易主要通过刺激发达国家的制造业劳动生产率来影响去工业化。

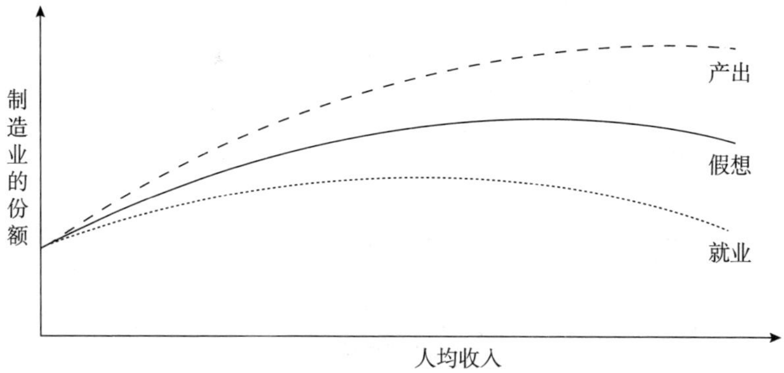

图 4.8　制造部门的产出和就业份额

资料来源：Rowthorn and Ramaswamy，1999。

进一步的研究揭示了标准模式其他有趣的特点。当一个国家变得更发达时，与重工业相比，轻工业会失去它在总增加值中的部分份额。另外，引人注目的是，该行业的“金属制品和机械”所占的份额展示出最显著的上升。这个结果证实了格申克龙的观点，即工业化会伴随着生产行业的强劲扩张。

对结构转变的分析是基于静态条件下的标准模式进行的。在动态版本的转换过程中，不同行业对经济增长的贡献形成了分析的起点。在来源于钱纳里、罗宾逊和赛尔昆（Chenery，Robinson and Syrquin，1986）的图 4.9 中，这种分配勾勒出一个经济体分为三个部门的情形。根据标准模式（ρi）和每个部门的增加值增长率（*Gi*），可以算出该部门的产品在国民生产总值中所占的份额，从而决定该部门对增长的贡献。如果所有部分的增长率相等，那么这些部门对总增长率的贡献将等于其在国民生产总值中的份额。然而，在图 4.9 中并非如此，因为作为增长速度最快的部门，制造业的贡献大于其静态份额的值，初级生产部门的情形则与之相反。

根据图 4.9 中的模式，赛尔昆区分了三个阶段的转换。

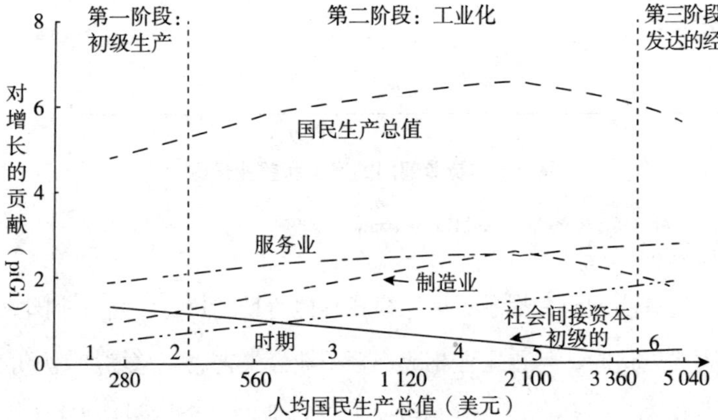

图 4.9　行业的增长来源

资料来源：钱纳里等学者的研究，经世界银行许可后转载。

第一阶段：初级生产。在这个阶段，占据主导地位的初级生产活动是经济增长的主要来源。无可否认，初级生产的增长率低于制造业的增长率，但前者所占的份额很大。与制造业的贡献相比，初级生产的贡献仍然占据主导地位。然而，初级生产部门占的比重较高导致总的经济增长率较低。

第二阶段：工业化。经济的重心从初级生产转移到制造业。制造业对经济增长的贡献超过了农业部门。

第三阶段：发达的经济。转型到这个时期是由制造产品需求的减少决定的，因为制造产品的收入弹性较低。最初，出口持续增长使发展保持平衡，但是，最终制造业对经济增长的贡献开始下降，服务业变得越来越重要，“在工业国家，服务业占 GDP 增长的一半”。（Syrquin，1988，p.247）

标准模式的分析产生“典型事实”，但是关于潜在原因并没有提供较多的信息。基于会计程序的额外研究可提供进一步的信息，但是必须获得一个关于先进转型过程模型中决定因素的更详尽的图示。赛尔昆讨论的两个补充研究对我们在第七章中关于这个世界上大多数赶超的反思很重要。

第一个补充研究涉及制造业产出增长的出口扩张效应和进口替代效应。关于这点，对大国和小国之间作了一些区分。在大国，就 GDP 而言，预计出口扮演的是次要的角色，尤其是在工业化的早期阶段。然而在这个时期，进口替代对制造业的发展做出了巨大的贡献。在一些国家和地区，从经济视角来看（包括韩国、日本和中国台湾地区），1950—1970 年的计算在两个后续期展开。以显著出口扩张为特征之前的时期是以强劲的进口扩张为特征的时期。这个顺序指向新兴工业争论的意义所在。赛尔昆简明总结了隐含的含义，“研究结果表明，在其能大规模生产制造业出口商品之前，一个经济体可能需要先奠定一个工业基础和掌握一定的技术”。（Syrquin，1988，p.254）在这一点上，需要根据阿西莫格鲁等学者的考虑提出警告，本章的“赶超和制度”部分中提到：“关键问题是没有促进出口与进口替代相对抗，反而是倾向于后者以避免低效生产，从而延迟替换进口替代。”（Syrquin，1988，p.254）

第二个补充研究涉及发展中国家目前因限制生产要素流动造成的低效率问题。如果生产要素的边际产量，例如制造业劳动力的边际产量超过农业劳动力，那么要素的分配就是低效的。于是可以通过将农业部门的劳动力转移到制造业部门来培育经济的扩张，直到两部门劳动力的边际产量相等为止。边际生产率的测算比较困难，但是相对劳动力生产率（某部门在增加值中所占的份额除以其在就业中所占的份额）可以当作部门间回报比较的部分指标。在图 4.10 中，基于对标准模式研究的结果计算了这个指数。在中等收入范围，制造业和初级生产的生产率差距最大。因此，在这个范围内，资源转移可对总增长做出最大贡献。

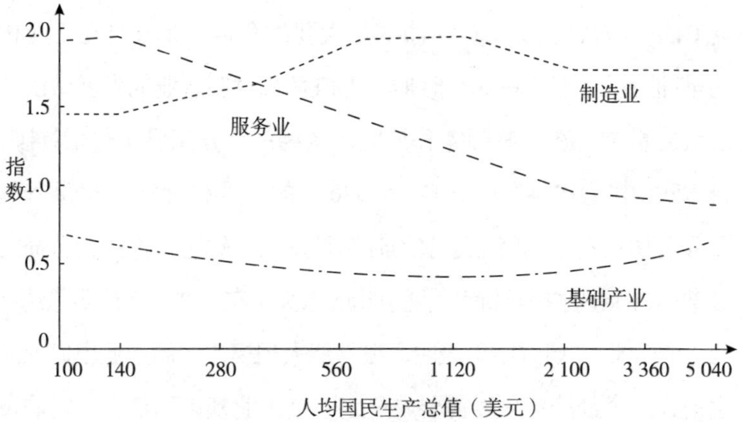

图 4.10　相对劳动力生产率

韦尔指出要素缺乏流动有以下几点原因：第一，地理隔离，起因于重新安置成本。第二，高工资部门的最低工资。因此，在这个部门雇用额外的工人会导致劳动力的边际生产率低于最低工资，从而阻止从低工资部门到高工资部门的再分配。第三，农业部门的隐性失业，这与工人的劳动报酬超过其边际产出一致。

赛尔昆也做了测算，结果表明资源分配对经济增长有贡献。资源分配这个因素似乎会做出实质性贡献，在工业化阶段尤其如此。然而，在高收入范围，这种影响几乎为零。劳动力再分配的影响逐渐消失："如果生产率在超出研究模拟的范围后继续下降，它将不再全部归因甚至部分归因于农业劳动力转移的减少。当劳动力继续转入服务业时，一个不同的或可能是负面的效应将变得重要。"（Syrquin，1988，pp.257–258）在第七章研究近期一些国家的扩张时，会重新谈到这一点。

四、评价

根据格申克龙的研究，工业化过程从"大爆发"开始，不连续是国家经济发展的特征。只要基本障碍存在，落后国家的经济增长会停滞，其相对于技术领先国家的差距会越来越大。伴随着"大爆发"，追赶进程开始启动，并向领先者的生产率水平部分趋同，甚至最终完全趋同。

存在不同的方法来解释后进国家的经济扩张。根据新古典经济增长理论，技术知识状态不是决定经济落后的变量。在这个理论中，技术知识可免费获取。发展中国家落后于发达国家，是因为资本稀缺，其人均资本品相对较低，这意味着其资本边际生产率相对较高。发展中国家如果将足够的储蓄投资国内经济，那么其经济增长速度会较快，与发达国家之间的差距会缩小（甚至赶超）。

根据内生增长理论，必须努力创新。经济增长依赖于研发支出。就这点来看，这种理念与后进国家复制知识需要成本的认知相符。需要付出额外的研发支出来调整已复制的技术以适应当地的情况。因此，它需要时间才能达到领先者的水平。然而，因为存在知识溢出效应，所以只需在研发方面有相对较少的投入，其经济就能比富裕国家增长更快。从生产率减少的角度来看，越是落后，其增长率越低。模仿技术领先者正变得越来越难。一个国家越接近技术前沿，其模仿的成本越高。在某个时刻，后进国家的增长率会降到与领先国家相等，结果两个国家以同样的速度发展。尽管趋同过程停止了，但如果后进国家不将其研发支出占 GDP 的比重提高到与领先国家相同的水平，那么在生产率水平方面并不会完全趋同。当一个后进国家已经像领先国家那样富有时，它必须像领先国家一样创新来紧跟领先者的步伐。另外，产生部分趋同是因为两国的经济结构有差异。然而，这一结论也适用于新古典模型。在这个模型中，后进国家较低的储蓄率也将仅导致部分趋同。资本存量和人均产量会长期低于领先国家的水平。

可以设想，赶超过程不像上述考虑中所假定的那样单调上升。让我们假设模仿的成本最初是增加的。如果越来越多的长在低处的水果被采摘，一个人会试图在更高的地方去碰运气。因为这是困难的，所以后进者的增长率会下降。与此同时，抗衡力量开始运行。社会应用技术改进的能力提高，人们从学习过程中吸取教训，模仿的成本相对于人均 GDP 的比率会下降到某个水平。后进者的增长率又开始增长。当继续发展时，赶超过程会在某个时刻失效。如果成功发生趋同,模仿的成本当然会上升。它可以表明，在这些假设下，三个均衡点确实存在。在这些均衡点上，领先者和后进者的增长速度相等。中间的均衡是不稳定的。为了趋同到一个更高的福利水平，相对人均 GDP 水平必须高于对应的不稳定均衡处。如果不能，那么经济会趋同于较低的均衡。经济会陷入困境，而如格申克龙所说的“大爆发”仍然不会到来。

格申克龙的研究还包含另一个重要的信息。制度在赶超过程中扮演着重要角色。包括银行在内的企业之间的网络关系和长期合同，对于大规模投资所需的信任而言，是十分有帮助的。一项如赶超领先者这样的计划需要一个途径，这其中重大机会和融资机会是至关重要的。当一个国家发展落后时，盈利能力和再投资利润会促进经济的增长。政府可能会伸出援助之手，通过限制竞争来增加投资的盈利能力。在这种情况下，如果一个国家坚持太长时间的模仿战略，不完全趋同也确实不可避免。实现完全趋同需要及时切换到创新型战略。由此而论，这意味着要想达到理想的目标，需要引入另一种制度。

阿西莫格鲁、阿吉翁和奇李博迪（Acemoglu，Aghion and Zilibotti，2006）已经把这些想法巧妙地模型化。在模型中有两种不同的政治制度。在投资型战略下，重点是进行模仿。如果距离技术前沿较远，高投资会达成高增长率。现任企业家掌握着局势。在创新型策略下，需要做许多新的事情。这意味着以用年轻的、充满活力的企业家取代年长的、不称职的管理者或企业家为代价，从而可以维持经济的高增长率。从投资战略转向创新型战略是通过最大化公司价值的资本家来完成的。如果这种切换相对较晚，经济可能落入非趋同陷阱。这是否会真的发生，取决于结构参数的值。因此，政府可以通过影响产品市场的竞争来发挥作用，比如提高进入壁垒的条件。不管制度如何发挥作用，政治经济学的深刻见解应该被认真考虑，正如在第二章详细说明的那样。在目前的情况下，这意味着受益有限竞争的资本家可能通过贿赂政客来击退竞争对手。这可能会导致局部趋同，用阿西莫格鲁的话来说，将落入“政治经济陷阱”。（Acemoglu et al.，2006，p.67）

落后国家不仅要跟上技术领先者，还要在追赶过程中完成经济的产业部门结构转型。实证研究表明，存在一个标准模式，在该模式中，部门增加值占总增加值的份额是人均 GDP 或 GNP 的函数。在此研究的基础上，赛尔昆辨别出转型的三个阶段。在第一阶段，重点是初级生产。因此，经济增长相当温和。在第二阶段，工业化发生了，于是重点转移到制造业。在第三阶段，经济更加发达，去工业化肯定会发生。制造业在总增加值中的份额下降。可以在更细微的层面观察到这种现象。典型事实的不同排序使得上述情况变得完整。例如，赛尔昆指出，事实上，一些国家的工业化进程与国际专业化模式的改变相伴而生。由于这个原因，有着显著出口扩张特征的时期出现在有着强劲进口替代特征的时期之前。这种顺序表明了与幼稚产业论的关联。如果当地产业正在吸收特定的技术，那么这些产业将从一定程度的针对国际竞争者的保护政策中获益。需要强调的是，得到的结论是当制度不再有效率时需要进行改进。

另一个不同顺序的典型事实是低效配置生产要素，通常在发展中国家可以观察到这一现象。如果不同部门的边际生产率差距较大，那么这样的生产要素分配是低效的。有关平均劳动生产率的数据表明效率低下。此外，在低收入水平阶段，资源的重新分配会对经济增长做出重大贡献。但在高收入水平阶段，当劳动力从农业转移到制造业，则没有这种现象。有趣的是，赛尔昆预计，在持续扩张期间，当越来越多的劳动力转移到服务业时，劳动力资源的再分配会产生负效应。对资源再分配来说，当时的制度也很重要。

第二部分　理论视角下的历史发展

第五章　长波理论

一、衡量、记录、解释

那些认为经济发展呈现不同长度和幅度的周期叠加特点的观点，总是能让人充分展开其想象力。有学者认为经济发展遵循一个为期50年的长波。在这种背景之下，有许多学者孜孜不倦地研究长波理论。一些支持长波理论的学者认为他们发现了其存在。康德拉季耶夫被认为是该领域的先锋。康德拉季耶夫（Kondratieff, 1926）指出，诸如价格、利率、国际贸易以及煤炭产量等经济指标显示出长波理论的存在。在其之前的一些学者也提出了与他的观点类似的理论，例如，荷兰科学家雅各布·凡·戈尔德（Jacob van Gelderen，1913）和所罗门·德·沃尔夫（Salomon de Wolff, 1924）。康德拉季耶夫虽然不清楚前辈已经取得的学术成果，但由于受到著名的经济学家约瑟夫·熊彼特的推崇，康德拉季耶夫独享殊荣。因此，这个接近50年的经济变量的时间序列被命名为康德拉季耶夫周期（以下简称K波）。

但问题是，对K波是否真的存在以及它存在的原因一直是有争议的。在过去，由于缺乏实体经济领域的统计数据，对货币变量的分析一直备受关注，因为货币统计数据相对容易获得。然而，时代变了。近期，安德烈·科罗塔耶夫和谢尔盖·泽瑞（Andrey Korotayev and Sergey Tsirel，2010）运用了频谱分析的方法来论证有关世界 GDP 增长率的时间序列是否显示了长波理论。频谱分析可以将时间序列分解成不同的形状和大小的波段。该方法的另一个优势在于为建立统计显著性提供了可能。在第一次世界大战（1914—1918 年）和第二次世界大战（1939—1945 年），以及两次世界大战之间，世界 GDP 增长的时间序列显示了大量的异常值。这些异常值使得科罗塔耶夫和泽瑞在发现了一些已接受的波段模式后，又不得不做出相应的调整。K 波就是这种模式的一部分，并且具有统计显著性。因此，安德烈·科罗塔耶夫和谢尔盖·泽瑞认为："我们有理由相信我们的频谱分析支持了这一理论假设，即世界 GDP 在动态发展中存在康德拉季耶夫周期。"（Korotayev and Tsirel，2010，p.14）

此外，他们还发现有足够证据表明朱格拉周期（长度为 7 年到 9 年）和基钦周期（长度为 3 年到 4 年）的存在。并且，长度为 17 年至 18 年的库兹涅茨周期也能在此频谱分析中观察到。他们的结论是：库兹涅茨振荡应被视为康德拉季耶夫周期的第三谐波。（Korotayev and Tsirel，2010，Abstract）

图 5.1 清晰地显示了建立在频谱分析基础上的 K 波曲线。该 K 波（曲线 1，参照右边的纵轴）与实际的世界 GDP 增长率相比较，由于该增长率是 11 年的平均值，因此消除了序列中较短的

时间周期（曲线 2，参照左边的纵轴）。[①] 通过比较可以发现，在 1870—1914 年以及 1946 年以后的两个时间段内，两个曲线都存在某种联系。这种联系在第一次世界大战之前并不明显。实质性的重大差异产生于两次世界大战时以及两次世界大战之间，但这一点在频谱分析中被排除了。两位作者提供的解释是：如果我们假设这样的情况发生，即将第一次世界大战的时间移至 20 世纪 20 年代，也就是第三轮 K 波上升阶段的第二部分，然后在 20 世纪三四十年代再返回到原始的“阶段时间表”，那么这些年中所观察到的有关偏离模式的问题也是可以解释的。（Korotayev and Tsirel，2010，p.17）这只是取决于采用哪一种定义来解释。一方面是外在冲击影响的差异；另一方面是内在机制的复杂性，尤其是在进行时间序列分析的情况下，更加复杂。

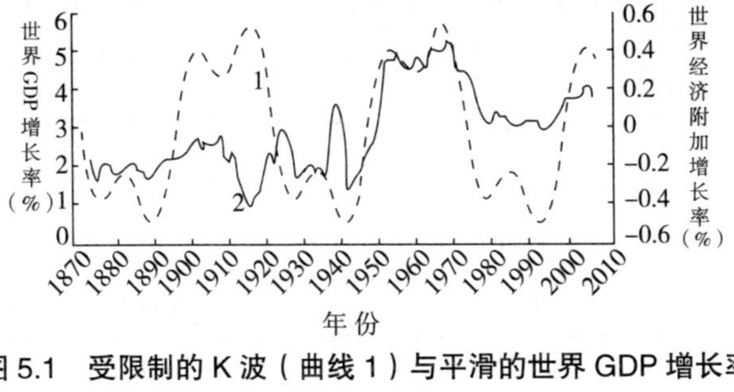

图 5.1 受限制的 K 波（曲线 1）与平滑的世界 GDP 增长率序列（曲线 2）的比较

资料来源：Korotayev and Tsirel，2010。

① 人造 K 波考虑了附加增长率，也就是说，K 波考虑了每年世界 GDP 增长率的系列增加（或减少）。（Korotayev and Tsirel，2010，p.16）这种模式和所谓的双峰与美国 K 波发展过程中著名的理想化的批发价格振幅计划类似。

基于已有的研究结果，K 波的数据记录得以形成。由于存在前面提到的问题，同时还有其他不确定性因素的存在，科罗塔耶夫和泽瑞提出了两个变量，这两个变量在时间选取上存在差异。在两个变量中，阶段 A 中的世界 GDP 的平均年增长率都规律性地超过了阶段 B 的平均年增长率。科罗塔耶夫和泽瑞在表 5.1 中将两个变量进行了比较。他们将 K 波分成了五段，第一段 K 波的阶段 A 和第五段 K 波的阶段 B 的数据是缺损的，因为这两个阶段的数据难以获取。值得注意的是，1820 年至 1870 年的数据只考察了西方国家（12 个重要的欧洲国家和 4 个“西方的分支”）。

表 5.1 科罗塔耶夫和泽瑞的数据记录（2010 年）

康德拉季耶夫周期数	变量 1 阶段 A/ 阶段 B	变量 2 阶段 A/ 阶段 B
Ⅰ	……/1820—1850 年	……/1820—1850 年
Ⅱ	1851—1875 年 /1876—1894 年	1851—1875 年 /1876—1894 年
Ⅲ	1895—1913 年 /1914—1946 年	1895—1929 年 /1930—1946 年
Ⅳ	1947—1973 年 /1974—1991 年	1947—1973 年 /1974—1983 年
Ⅴ	1992—2007 年 /……	1984—2007 年 /……

科罗塔耶夫和泽瑞的分析支持了长波理论的假设。然而，问题在于这种假设是否应该以世界生产水平为考量标准，毕竟世界各国的经济并非同时发展。正如我们在第四章讨论的，技术落后的国家可能追赶技术先进的国家。同时，经济发展领先的国家

也会因为实施错误战略而导致落后。工业革命后，英国在经济和技术领域都处于领先地位，其霸权主义地位就是一个很明显的例子。然而，随着时间的推移，英国想要永远保持这种霸权地位是不可能的。事实上，美国在 1900 年左右就开始在经济领域影响着英国。我们会在第六章继续讨论这个话题。

有些学者提出质疑：即使长波理论存在，也不能用宏观经济数据来证明。这些学者提到了与技术发展相伴而生的创造性破坏过程。这种观点认为，长波是由特定频率发生的技术突破引起的。我们已经在第三章讨论了技术突破的问题。如果这些波段在某些程度上存在重叠，那么赢家和输家必然并存。当市场上出现新的部门，而既有企业出现衰败甚至最终不得不倒闭的情况时，紧接着，整个经济将处于“下滑期”。在科罗塔耶夫和泽瑞的分析中，阶段 B 被用来代表“下滑期”。一旦新技术被全面推行，不稳定的因素暂停下来，经济繁荣的上升期就会出现（阶段 A）。然而，这并不意味着处于下滑期的经济增长落后于上升期的经济增长。克里斯·弗里曼和弗朗西斯科·卢桑表示如下。（Chris Freeman and Francisco Louçã，2001，p.257）

我们认为，长波的“下滑期”不仅仅表现为总生产增长率的放缓，还包括可能发生的一段时期的结构性调整，这种调整是为了适应新技术群的快速发展。新产业企业的迅速增长与旧产业企业的下滑、停滞乃至倒闭形成鲜明对比。虽然后者是前述“下滑期”的主要特征，但并非所有产业都是如此。

卡萝塔·佩蕾丝赞成上述观点，并进一步增加了另一个论点。在“下滑期”的结构调整过程中出现的相关价格大幅波动，使得总体水平上特定变量的时间序列构建变得复杂。“你如何将20世纪60年代的电脑与70年代、80年代以及现在的电脑进行比较？”（Perez，2002，p.62）此外，当一个人想解释K波是技术进步的结果时，还应当考虑劳动生产率的增加或者全要素生产率的变化等相关变量。

正如第三章中所观察到的，将技术发展作为解释K波存在的基础并不仅仅考虑了突破性技术的引入。佩蕾丝认为技术革命的发生需要新技术、产品以及各部门的合力发展，重组现有经济，使其调整到新的最佳状态。和佩蕾丝一样，弗里曼和卢桑将五次技术革命与相应的五个康德拉季耶夫周期进行了区分。无论在什么情况下，开创性创新都是综合性发展的基础。弗里曼和卢桑所谓“开创性创新”指的是那些“具有高显著性，技术成功并且有利可图的创新例子”。（Freeman and Louçã，2001，p.141）佩蕾丝在谈及突破性技术开始出现时，提出了“突破性技术大爆发”的概念。

英国的第一次技术革命可能与1771年阿克莱特在克罗姆福德的工厂开业有关，因为该工厂首次实现的纺织业机械化使制造成本大大降低。60年后，“利物浦—曼彻斯特铁路上运行的蒸汽机动力火车”标志着第二次技术革命中蒸汽动力的崛起以及铁路带来的重大意义。第三次技术革命始于1875年匹兹堡的卡内基贝赛麦钢铁厂，这一次美国取代了英国。福特的T型车在底特律制造，催生了第四次技术革命。最近一次技术革命要追溯至最原始和最简单的电脑芯片：1971 年第一个英特尔微型处理器的诞生。

大爆发预示着技术革命的开始。然而，技术革命首先是一个整体性概念，是“技术创新与组织创新的集合”。这种创新集合具备以下几项要素。

（1）经济发展中的领先部门或者创新执行者。

（2）核心投入以及其他关键投入。

（3）交通、通信等基础系统的建立。

（4）管理以及组织机构的变革。

表 5.2 呈现了卓越的技术革命中具备的要素特征。表 5.3 则展现了与之相对应的长波数据。

表 5.2 技术革命的要素特征

技术创新与组织创新的集合	经济发展中的领先部门或者创新执行者	核心投入及其他关键投入	交通、通信等基础系统的建立	管理及组织机构的变革
1. 产业的水力机械化	棉纺、铁制品、水车轮、漂白	铁、原棉、煤炭	运河、收费公路、帆船	工厂系统、企业家、伙伴关系
2. 产业与运输业的蒸汽机械化	铁路和铁路设备、蒸汽机、机床、碱行业	铁、煤	铁路、电报、蒸汽船	股份公司，向手艺负责人的分包
3. 产业、运输以及家庭的电气化	电气设备、重工业、重化工、钢铁产品	钢、铜、金属合金	钢铁路、钢壳船、电话	专业管理系统，泰勒制，巨型公司

续表

技术创新与组织创新的集合	经济发展中的领先部门或者创新执行者	核心投入及其他关键投入	交通、通信等基础系统的建立	管理及组织机构的变革
4. 交通、国民经济和战争的机械化	汽车、卡车、拖拉机、柴油机、飞机、炼油厂	石油、天然气、合成材料	收音机，高速公路、机场、航空公司	大规模生产和消费，福特制，等级层次
5. 整体经济的电脑化	计算机、软件、电信设备、生物技术	芯片（集成电路）	“信息高速公路”（互联网）	内部、地方以及全球的网络

资料来源：Freeman and Louçã，2001，p.141。经牛津大学出版社许可复制。

许多不平衡与技术革命相伴相生。佩蕾丝（Perez, 2002, p.39）列举了一些最为明显的发展不平衡领域，主要表现在以下几个方面。

（1）新兴产业与成熟产业之间。

（2）现代管理模式的公司与传统管理模式的公司之间。

（3）被传统产业占据的领域与被新兴产业占据的领域之间。

（4）在新技术中获得培训的新技能与不断成为阻碍的旧技能之间。

（5）在现代公司工作或者具备跳槽能力的劳动者与在发展滞后的公司工作，可能面临失业和收入不稳定的劳动者之间。

（6）蒸蒸日上的新产业与旧的制度体系之间。

我们在第三章已经讨论过，在佩蕾丝的理论中，每一次技术革命的演进都经历了四个阶段，构成了一条对数曲线。图 5.2 显示了技术革命的每个阶段发生的变化。然而，这并不是全部。在佩蕾丝看来，从阶段 2 到阶段 3 的转变出现了经济的偏移。阶段 2 是一个疯狂增长的阶段，基于新的市场机会的出现，市场投机行为导致经济发展过热，并产生了金融泡沫。在金融泡沫破裂、市场不规范行为被清除以后，经济实现软着陆，经济增长也趋于平稳。可见，阶段 2 到阶段 3 的转变包含一个转折点，只不过它并非是一个“点”，而是一个或长或短的危机期。然而，没有足够的数据来证明上述理论是否正确。佩蕾丝大致遵循了弗里曼和卢桑建立的框架，正如表 5.2 展现的，当我们从历史角度来解释技术革命（或者巨变）时，该技术革命已经发生了。这意味着，长波从一开始就被分成两个阶段，即技术推广阶段与技术运用阶段。

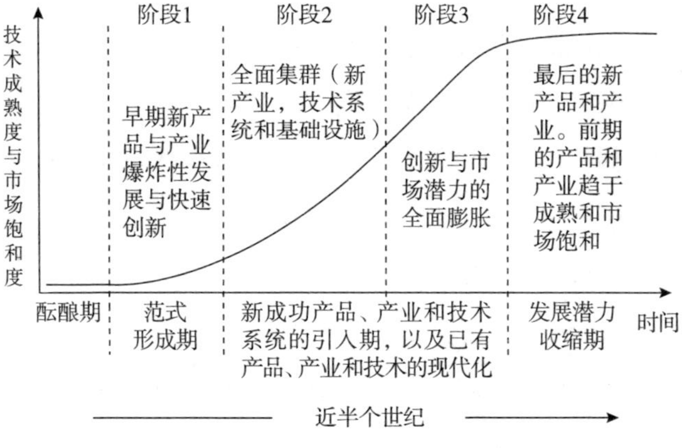

图 5.2　技术革命的生命周期

资料来源：Perez，2002。

两个阶段之间存在特定转折点这一特征的假设是佩蕾丝论述的核心。然而，现在的问题是这种划分是否合理。例如，帕彭霍森并不赞同这一观点，虽然他也认同经济发展分为四个阶段这一前提，但他认为阶段 1 和阶段 2 应合二为一，而转折点应成为新阶段的一部分，这个新阶段包含了经济发展与滞后的社会制度之间爆发冲突的结构性危机时期。（Papenhausen，2007，p.19）总之，危机在动态的长波理论中所扮演的角色值得更深入地研究。本章将在“金融不稳定假说”部分专门就金融危机在长波理论中扮演的角色展开讨论。

一方面，我们认为将佩蕾丝与弗里曼和卢桑有关长波的数据进行对比具有指导性意义；另一方面，即使两者在时间的选取上都只是与现实相接近而已。表 5.3 是对两者的比较，我们可以从中看出两种分析路径最大的不同。

（1）在佩蕾丝的分析中，各个子阶段之间并没有实现严格的衔接，在转折点预留了空间。

（2）佩蕾丝指的“技术运用阶段”大致对应了弗里曼和卢桑所指的“上升期”，两者都具备高增长率的特点。一般理论认为，K 波始于这一时期。但佩蕾丝很肯定地提出这一顺序应该反过来。这一认识上的差异意味着佩蕾丝的“技术推广阶段”大致与传统的“下滑期”相对应。

（3）两者最大的不同出现在第一波段的数据。在工业革命初期，可以预见的是，“技术推广阶段”与“上升期”之间的距离时间比较短。佩蕾丝认为 1793 年的“运河热”现象是技术推广阶段向技术运用阶段转变的起点。根据弗里曼和卢桑的分析，这一现象属于“上升期”的一部分，“这些潮流以及泡沫现象成为每一个连续 K 波快速发展期的典型表现”。（Freeman and Louçã，2001，p.168）

（4）佩蕾丝在记录这些波段时考虑到了波段重叠的问题，并在存在重叠的年份后标注了符号“*”。第四次和第五次激增的开始时间甚至要早于先前激增完成的时间。这一结论可以从之前的假设中得出，即每一次波段的激增都伴随着预先选定的“突破性技术”。相比之下，弗里曼和卢桑留意到技术革命这一事实具有较长历史。例如，他们认为“新的产业与技术被认为是第二段 K 波的上升期所具有的特点，然而它们早在 19 世纪二三十年代就因为是互相关联而结合”。（Freeman and Louçã，2001，p.188）对这些发展的进一步研究实际上揭示了某种程度的重叠。

表 5.3 数据对比

波段排列	佩蕾丝（激增时期） 技术体系推广阶段 / 技术运用阶段	弗里曼和卢桑（K 波） 上升期 / 下滑期
1	1771—1793 年 /1798—1829 年	1780—1815 年 /1815—1848 年
2	1829—1848 年 /1857—1873 年	1848—1873 年 /1873—1895 年
3	1875—1893 年 /1895—1918 年 *	1895—1918 年 /1918—1940 年
4	1908*—1929 年 /1943—1974 年 *	1941—1973 年 /1973—?
5	1971*—2001 年 /2008—?	?

问题是，表 5.3 显示的数据是否与科罗塔耶夫和泽瑞的研究结论相对应。表 5.1 和表 5.3 清楚地揭示了——至少就 1820—1974 年的数据而言，两者之间存在一定程度的相似性。虽然数据

并不是完全相等，但我们可以认为“上升期”和“技术运用阶段”的经济增长较快。

亚历山大·菲尔德认为，当科学技术进步难以实现时，我们可以考虑提高全要素生产力。（Alexander Field，2003）他比较了不同历史时期的美国经济 TFP（Total Factor Productivity，全要素生产率）的增长情况。基于新古典经济学理论，增长计算法可以得出 TFP 的变化。这种分解法首先将增长归因于资本与劳动力投入的变化。这些投入的全要素生产率的提高带来的部分增长就是剩余部分。这些剩余部分成为衡量 TFP 增加的标准。我们将在第七章中对这种算法做更深入的解释。菲尔德利用不同来源的 TFP 数据得出了一个惊人的结论。“总体上而言，相较于美国历史上的其他任何时期，1929—1941 年是技术进步最大的时期。”（Field，2003，p.1399）乍一看，人们不会期待在严重萧条时期出现经济的高效发展。不同的解释会导致结论的惊人差异。一些解释与标准问题有关，例如，这一时段的起点和终点的具体年份，或者对资本投入系列的调整。在详细考量了上述存在问题的争议后，菲尔德得出的结论是，经济衰退期出现的技术变革率增高，部分源于意外因素。“技术进步并不能达到稳步不间断的程度，20 世纪 30 年代的特点是大量的产业和部门都有改进方案。”（Field，2003，p.1410）大萧条对生产力的影响不言而喻。正如达尔文的进化论一般，企业将遭遇优胜劣汰。并且，菲尔德指出经济的下滑伴随着资本利用率的低下，并促使在组织管理上的改进。如果大萧条时期的技术变革反而处于高增长，那么这一事实与长波数据如何产生联系呢？菲尔德上述论述中所指的阶段，在佩蕾丝的分析中被称为“转折点”（见表 5.3）。这是一个系统重新定位的阶段，意味着要进行变革、改进，以及整合已有的制度架构。但无论如何，没有迹象表明生产率提高在这个转折期应该异常快速。可见，菲尔德的结论仍是值得怀疑的，虽然迈克尔·帕尔曼提出这种生产率提高的现象可能是消除所谓的“X 效率”引起的。然而，支撑这一观点的经验证据相当薄弱，正如帕尔曼所言：“据推测，前期过于松散的成本削减发挥了作用。”（Perlman，2011，p.213）

数据并不能说明所有问题。一个能够证明经济存在上升期和下滑期的重要依据是每一次技术革命都同时蕴含着一个普遍学习适应的过程。佩蕾丝将此定义为新技术 – 经济范式，即每一次技术革命都伴随着新技术 – 经济范式，都需要学习新的技术和组织原则。“但是这种学习过程必须克服源于前一次成功范式的惯性。前期成功经验的普及会成为下一次技术革命得以发展的障碍。这种互相抵消的力量，新旧技术革命之间的冲突，是解释上述问题的核心。”（Perez，2002，p.19）我们将在本章“划分资本主义”部分讨论这种冲突的政治意蕴。

二、金融不稳定假说

海曼·明斯基（Hyman Minsky，1964，1995）的金融不稳定假说为长波现象提供了另一种替代性解释。从本质上而言，这种假说可归结为以下几点。在经济的上升期，对经济发展的乐观主义随之上扬，与此同时，越来越多的投机行为相伴而生。并且，金融中介也在不断增加。新的债务融资型金融资产和金融工具被开发出来。私人领域的债务状况不断恶化就是源于这些金融创新。国民生产总值的债务比不断增加。虽然这对于缓慢衰退中的经济并非是致命的，但当这种负债率不断上升，并到达某一程度时，局面就变得难以掌控了。当过低的收入难以支付所有债务时，恐慌就会爆发。那些金融资产的拥有者将在资本市场中试图出售他们手中的金融资产。由此导致的结果是：无论是在资本经济领域还是在实体经济领域，资产价格崩塌，无数公司破产，从而也标志着较长时期的经济扩张走向终结。

卡门·莱因哈特和肯尼斯·罗格夫（Carmen Reinhart and Kenneth Rogoff，2011）近期发表了针对较长时间段内公共债务的时间序列的讨论。这里，我们将研究时间序列限定在斯蒂夫·基恩（Steve Keen，2009a）呈现的澳大利亚经济发展时间序列的范围。图 5.3 清楚显示了从 1860 年至 2010 年的三次债务泡沫。第三次泡沫持续的时间是从 1964 年到 2008 年，远长于之前的两次泡沫。但问题是，对于上述数据的解读是否符合现实。基恩仅指出第三次泡沫，即最近发生的一次，也是最大的一次。由此，他认为："正如前两次泡沫的破裂导致了经济萧条一样，我估计由于同样的原因这次泡沫的破裂会导致产生相同的结果。"（Steve Keen，2009a，p.350）为了证实这一观点，我们将进一步考察明斯基的金融不稳定假说。

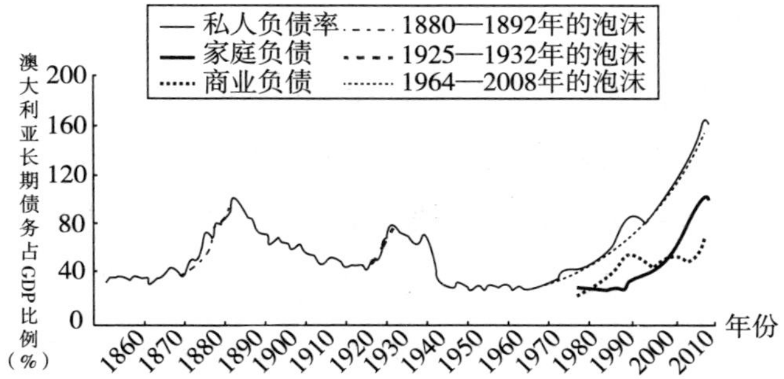

图 5.3　1860—2010 年的三次债务泡沫

资料来源：Keen，2009a。

明斯基的理论符合后凯恩斯理论，即货币并非是中立的，人们对货币的预期往往与实际情况不相符。从本质上而言，投资的资金很大程度上源于银行贷款。货币扩张影响着实体经济，因此，货币很重要。这一点与新古典经济学理论完全不同，后者认为货币供给的增长会导致物价水平上升，同时投资规模完全取决于存款规模。后凯恩斯理论假设生产能力并未得到完全利用，因此，投资就起到了关键作用。企业决定投资水平，消费者决定消费水平，总需求决定生产水平（实际产出），而生产能力可能偏离这一水平。实际生产水平与生产能力之间的比例表明了生产能力利用率。有人可能会认为生产能力利用率会影响企业的行为。明斯基指出，他的研究起点是加速因素与消费倾向之间简单的“汉森 – 萨缪尔森”互动。（Minsky，1995，p.83）在他看来，相对无弹性的金融或者非弹性的劳动供给等限制因素同样应被纳入考察的范围。但这还不够，因为在后凯恩斯理论中，生产能力利用率也应被作为附加的限制纳入其中。经济供给面的限制造成的影响阻碍了明斯基自身理论的最终形成。

在明斯基看来，金融资产价格在经济发展中扮演着重要的角色，但在新古典主义理论中，有关经济主体的完全预期理论认为，这些价格反映了未来资产的回报。明斯基对这一过分乐观的预测和估计持保留态度。“对于未来收益流而言，并没有所谓的‘正确’价格。资产的市场价格取决于一段时间内预期达到的收益产出以及这些预期本身的稳定性。”（Minsky，1964，p.331）如果金融资产的价格增长，诸如庞式金融家①这样的金融市场参与者将会陆续登场。这些投机企业家用借贷的资金来购买各种各样的金融资产。然而，这些资产所产生的收益往往不足以偿还其借贷的利息。但这些投机者仍推测金融资产价格的增长能够应付所有债务，甚至产生盈利。不断增长的庞式投机行为使得金融体系变得脆弱。同样的情况在房地产领域也很常见。

基于金融不稳定假说的长波理论，可以分为以下五个阶段。

（1）一个相对稳定的经济发展期是该长波的起点。在这个时期，公司和银行持有较为保守的融资态度，此时的风险溢价高，经济主体刚从前期的投资失败中吸取教训。

（2）在上述稳定阶段的影响下，大多数项目都能够获得成功，债务也能较快得到偿还，并由此产生更多的借贷行为。债务杠杆带来了高利润，使得企业和银行开始不那么谨

① 庞氏以查尔斯·庞兹命名，一位移民美国的意大利人，以欺诈为生。在20世纪20年代，他的名声和金字塔骗局分不开，他通过拆东墙补西墙来诈骗。

慎，风险溢价降低，同时，经济扩张加速。

（3）然而，这样看似快速的扩张发展却危机四伏。“世界范围内的周期性稳定和发展平衡，以及资本主义金融制度本身都出现了动摇的趋势。”（Minsky，1982，p.101）经济发展随后进入了一个新的阶段，这个阶段的特征被明斯基称为“欢快经济期”。这一时期，每个人都认为经济发展没有了限制。一些新的金融模式和投资产品被广泛接受。显然，经济主体并没有从过去的错误中吸取教训，这一点被卡门·莱因哈特和肯尼斯·罗格夫证实。人们总是会抱有“这次会不一样”的侥幸心理。

（4）资产价格的上升导致庞式金融家铤而走险。负债额上升的同时，利率也在不断上升。

（5）当金融泡沫达到极限时，主要问题就凸显了。原本利润丰厚的项目实际表现却不尽如人意。低利润与高利率使得自产货物的需求量下降。货物开始滞销，企业的债务压力高于之前的预期，一些企业开始进入破产程序。所有的经济主体都希望尽快偿还它们的债务，由此导致的大规模减价行为使得金融资产价格崩溃。没有了流动资产，庞式金融家就难以维系了。由于财富的规模同时决定了总消费规模，资产价格紧缩导致总需求量的下降。此后，越来越多的公司陷入困境，整体经济进入萧条期。

正如汉斯·维瑟（Hans Visser，2010）所言，明斯基的理论服从于欧文·费雪。但明斯基的理论被认为更悲观一些。因为根据欧文·费雪的理论，新的经济周期需要熊彼特的创新浪潮来重启，而该创新浪潮将由短期的投资行为主导。但在明斯基看来，经济发展的“静音时期”同样预示着自身的衰退。因为人们总是在情况出现好转时过于乐观。并且，明斯基还认为经济衰退并不一定伴随着产品价格水平的下滑，尽管资产价格是其理论的根本因素，但如果产品价格下降而实际债务没有下降，那么债务人不得不进一步削减消费。债权人受通货紧缩的影响也不太可能增加消费，因此，经济发展就面临着更长的低消费、高失业时期。正是由于上述现象的存在，也证伪了汉斯·维瑟认为费雪较之于明斯基更悲观的观点。

明斯基的理论相当复杂，相关理论模型的建立非常困难。只有通过模拟运行才能得出相应的结论。明斯基认为动态、非线性方程式的计算机模拟系统的运用是科学的进步。“这些技术的应用使得经济学家能够摆脱那些为了方便数字运算而不得不调整理论自身的束缚，从而能够更自由地研究理论本身的问题。”（Minsky，1995，p.86）基恩通过对古德温生产周期模型的延伸将明斯基的部分观点进行了形式化。在古德温模型中，工人消费了他们所有的收入。同时，公司利润决定了投资规模。生产能力取决于实物资本存量，总产出等于生产能力，由此形成了封闭的循环流。劳动力需求取决于每年以固定百分比增长的产量和劳动生产率。劳动力供给是外因。系统的内部动力由资本积累和决定工资形成的菲利普斯曲线机制决定。罗伯特·古德温（Robert Goodwin，

1967）指出，资本积累过程和工资形成过程之间的互动将引起一种循环模式。如果公司投资扩大引起就业量上升，劳动在国民收入的比重将会增加。由此，利润下降，投资减少，对就业造成负面影响。从而，工资的增长放缓，用于投资的资金增加，这个循环就闭合了。需要注意的是，经济发展归因于劳动生产率这一外因的增长，但其过程呈现出上述循环模式。

依据后凯恩斯理论，基恩介绍了古德温模型的投资函数。投资净额等于利润率乘以生产水平减去折旧费。如果投资超过实际利润，那么二者之间的差额将由银行借贷来提供。显然，公司必须支付贷款利息。该利率是债务产出比的线性函数，净利润用来支付贷款利息。 在该模型中，银行既不盈利也不消费。在古德温－明斯基模型最新的一个版本中，基恩也引入了公司的庞式投机行为。庞式投机行为的变化率是非线性函数的经济发展率。庞式投资是纯粹地靠借贷来融资的行为，这意味着企业要承担更高的利率负担而没有任何生产收入。

需要注意的是，在基恩的分析中，消费成为剩余变量，而这与古德温的原始模型形成鲜明对比。在古德温模型中，工人消费了所有的收入，企业投资了所有的利润，由此形成了闭合的循环。但在基恩的模型中，投资倾向函数取代了所有利润都用来投资的假设，消费水平等于由实物资本存储和固定资本产出率决定的生产水平和企业购买的投资产品数之间的差额。因此，消费成为剩余变量。这与后凯恩斯理论范式不相符，后者认为消费函数通常是假定的。消费因素的消除使得该模型变得不太现实，因为较之于投资，消费对于商业周期的敏感性不高。在此不针对此异议的强度问题做出回答。

基恩的模型可以简化为六个不同等式的系统。正如图 5.4 所描述的，基于大致合理的参数值的数值模拟生成了一个周期性增长模式。庞式借贷的引入暗示着增长的恢复将需要越来越长的时间，因为利润以不断递减的程度分配给了生产目标。

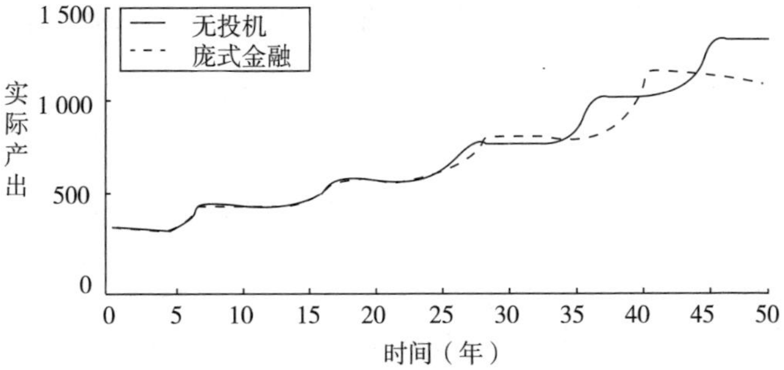

图 5.4　基恩模型中实际产出的仿真结果

资料来源：Keen，2009a。

这种情况将持续下去，直到最后一轮周期中发生的债务超过整体经济的偿债能力，继而发生经济萧条。（Keen，2009a，p.353）在这种情况下，很明显由生产借贷和投机借贷共同融资形成的经济扩张可能使整体经济发展陷入困境之中。值得注意的是，此时尚未发生债务通胀，这一点与明斯基的分析不同。在基恩的模型中，不断增加的债务负担挤掉了生产性投资，从而最终导致经济发展的停滞。

万一真的发生债务削减导致通货紧缩的威胁，适当的政府政策可以起到缓解其危害的作用。对金融制度而言，政府预算赤字以及“低利借贷”等政策可以保持经济循环流动。那么，这些政策上的调整是否足以使公司、家庭以及金融机构的投资组合得到清理。明斯基对此持相对乐观的态度，但与之相反，基恩和彼得·特明则对通过政策来缓解经济萧条的效果表示怀疑。例如，彼得·特明（Peter Temin，2010）总结道：“近期的政策行为对于另一个潜在的金融危机几乎没有起到缓解作用。”（Temin，2010，p.16）基恩的观点则更悲观，“美国私人债务规模意味着已经开展的债减程序将使政府陷入刺激需求的泥潭中，不太可能寄希望于通过刺激个人借贷影响另一个‘庞兹’来解救美国经济，信用创造体系的崩溃所造成的影响将很快胜过伯南克（前美联储主席）增加货币供给这一出人意料的举措所带来的影响”。（Keen，2009b，p.12）此时，很有可能引起经济萧条。

三、划分资本主义

我们在第一章中讨论过，波兰尼将资本主义特征定义为双重运动。一方面，为了使市场功能得到最佳发挥，有必要实现经济行为与社会关系的脱钩；另一方面，有必要实施一些干预，以限制资本扩张造成的剩余。这种内部差异导致了经济发展时期两种经济模式的交替出现，即经济主体的自由发展模式与公共部门占主导地位的规制模式。我们曾在第二章中以美国经济发展历史为基础，对上述现象进行了解释。在表 2.1 中，我们总结了经济与政策之间这种动态交互关系。

表 5.4 展示了更早时期美国经济的一些调查结果，同时补充了 1770 —1873 年英国的相关经济数据，新增的英国数据使得我们有机会将基于政治集群的资本扩张类型与弗里曼和卢桑以及佩蕾丝的长波数据进行对比。罗伯特·赖克（Robert Reich，2007）提出了“超级资本主义”的概念，它指的是一种无限制且不间断的资本扩张形式。赖克同时提出了一种受规则制约，发展更为平衡的资本主义概念，即“民主资本主义”。从历史的角度而言，我们更倾向于将其表述为“平衡资本主义”。值得注意的是，基于不同政治制度的民主职能在其初始阶段的情况可以与现代时期相比拟。

接下来，我们需要进一步地说明将英国资本主义划分为超级资本主义和平衡资本主义的原因。第一次工业革命的主要特征是新的资产贵族和旧的政治贵族都投资高利润的项目。这也意味着“制造业的利益往往决定了政府政策”。（Freeman and Louçã，2001，p.166）这一观点在相互竞争的要素上是恰当的，例如工作时间数、获取修建运河的许可以及克服对引入工厂产品的抵制。根据佩蕾丝的观点，英国由大发展时期进入平衡发展的转折点是 1793 年运河热，该事件也导致了 1798 年的恐慌，但随后的经济制度规制防止了人们的过度投资行为，并使得经济进入了平衡发展时期。该时代的另一个特点与收入分配有关。《斯宾汉姆兰法》针对那些收入低到无法满足其生活的工人，引入了津贴制度，该制度参照了面包的基础市场价格。

表 5.4 资本扩张的形态

国家	超级资本主义	平衡资本主义
英国	第一次工业革命（1770—1795 年）	英国大跃进（1795—1834 年）
	第二次工业革命（1834—1848 年）	维多利亚繁荣（1848—1873 年）
美国	镀金时代（1875—1890 年）	进步时代（1890—1917 年）
	疯狂的 20 世纪（1920—1929 年）	新政时期（1930—1970）
	新自由主义时期（1980—2007 年）	改革（2010— ）

随着时间的推移，《斯宾汉姆兰法》在实际运行中实施成本过高，且不足以保障劳动力市场的效率。随着工商业阶层的不断壮大，斯宾汉姆兰体系被 1834 年的《济贫法》替代。该法几乎未给失业人员提供任何直接好处。然而，一个真正的劳动力市场在这个被佩蕾丝称为“第二次伟大激增”的动荡时代形成了。正如查尔斯·狄更斯和伊丽莎白·盖斯凯尔等著名小说家所描述的，这一时期的工人生活非常艰难。1846 年《谷物法》的废除意味着食品价格的下降给工资下调施加了压力。从此，工人阶层无法从低价食物中获得好处。劳动力充裕的地方，平均工资被固定在中等水平。

第二次工业革命是一段被浓厚的社会不稳定情绪和工人抵制情绪所左右的时期。根据弗里曼和卢桑的论述，“19 世纪三四十年代是英国最接近社会革命的时期”。（Freeman and Louçã，2001，p.186）然而，这一时期并未发生真正的革命，并且在经历了一段时期的混乱后，英国迎来了伴随着实际工资增长的维多利亚繁荣时期。根据佩蕾丝的理论，维多利亚繁荣与 1847 年的铁路热以及随后的经济萧条有关。但该理论较少甚至没有考虑到劳动力市场的发展。

正如范德克伦德特所描述的，表 5.4 从动态视角强调了双重运动。无限制的资本扩张导致过剩，最终引发了反抗。如果能够从政治行为的角度来解释这种反抗，那么这就改变了资本扩张的特征。适当的规制随后会引致更为平衡的发展。但一段时间后，这样的发展会引起经济的停滞。新的改革措施将被规划，而这一次改革措施朝着相反的方向发展，即给予企业更多的自由去投资和创新。例如，1934 年英国《斯宾汉姆兰法》的废除以及 20 世纪 80 年代美国撤销管制规定的举措。

科技的发展是政治风云变幻中的重要因素。表 5.3 与表 5.4 的对比告诉我们超级资本主义时期大体上与佩蕾丝所谓的“技术推广阶段”相对应。类似的对应关系还存在于平衡资本主义时期和“技术运用阶段”之间。然而，表 5.3 与表 5.4 中的时代区分并不具有一致性。一方面，我们无法避免所有类似随意性划分导致的结果；另一方面，我们必须保持警惕，以免陷入某种技术决定论的思维中。正如第二章中所论述的，政治进程有其自身动态特征。因此，弗里曼和卢桑强调：“与技术和经济领域一样，有必要充分考虑政治和文化子系统的‘半自治’模式发展。”（Freeman and Louçã，2001，p.255）此外，我们在第二章也讨论过，诸如战争这样的外因，在经济与政治相互作用的领域的内生发展中扮演的角色。

表 5.3 也显示出弗里曼和卢桑有关长波的划分不同于佩蕾丝。

部分原因在于后者选择了不一样的视角来审视双重运动。佩蕾丝将重点放在一个由充斥着投机风险的旺盛发展期向基于改革的相对平衡发展期的转折点上。但在弗里曼和卢桑看来，每一个波段都包含了一段上升期（繁荣发展期）和紧接着它的下降期（危机调整期）。在下降期，有必要为新产业的出现预留空间，以此来替代发展停滞的产业部门。因此，既得利益者必须被推翻。这也暗示着自由化与去规制化的发展将得到支持。这样的过程往往会以一种更为复杂的方式而非适应反方向发展（规制）的方式消逝，当然，如果后者的调整源于明显的资本主义内转变方向。对于这一点，镀金时代和 20 世纪 30 年代的大萧条就是最有说服力的例证。

四、评价

反思长波理论,或者说 K 波（以该领域的先锋人物尼古拉·康德拉季耶夫命名），需要重点考虑以下问题：经济中是否真的存在长波？如果存在，单次波段的期间是多长？是否可以通过科学的方式来衡量这些波段？如果 K 波真的存在，如何解释它们？我们应该意识到这些问题并不能分开回答。

在确定 K 波是否真的存在时，人们通常从不同国家真实 GDP 增长的时间序列出发。在此背景下，一般认为所谓上升期的经济发展要超过所谓下降期的经济发展。在探讨时间序列时又产生了一些问题：应该选取哪些国家作为考察对象？哪种统计方式最适合用来发现 K 波？一般而言，实证研究的结果并不令人满意。K 波的存在并未超出人们的合理怀疑，但相关的争论不止。最近，科罗塔耶夫和泽瑞的研究已经表明可以从统计学上证实长波的存在。尽管他们使用的方法非常成熟，但他们的研究方法仍备受质疑。他们利用的是综合数据，但由于缺少 1820—1870 年的数据，使得整体数据缺乏一致性。并且，由于两次世界大战以及两次世界大战之间出现了过度发展，他们不得不对数据进行相应调整。

然而，根据弗里曼和卢桑以及他们的支持者佩蕾丝的观点，上升期的经济增长不一定超过下降期的经济增长。在他们的研究中，他们将对 K 波的解释作为第一要务，而非用统计数据对这些周期进行衡量。他们将技术革命作为起点，随着时间的推移，技术会发生更迭，后者超越前者，也由此引发了技术沿着非连续路径发展。技术革命包含了大量的相互关联的现象。除了一些突破性技术的引入，这些现象还包括领先产业部门的快速发展，涉及专项或者核心要素投入的使用，为适用新发展而对基础设施进行的必要改善以及各种各样的组织变革。在技术革命初期，变革非常激烈。发展空间有限的旧产业要为具有扩张性的新产业让路。简而言之，这一时期的特征是高度的颠覆性创新。这些发展对于 GDP 的增长产生的影响并不清晰。因此，弗里曼和卢桑指出长波是基于对技术革命的广泛性描述而存在的。佩蕾丝也同意这一观点，但正如第三章所讨论的，她更强调通过增长曲线对长波进行理论解释。

对长波理论的存在还有另一种可供选择的解释。明斯基的金融不稳定假说就是一个很有意思的例子。该理论可简单归结如下。如果经济出现繁荣发展，市场的乐观情绪持续上扬，企业家乐于投资。这种投资导致经济进一步扩张，于是自证预言式的繁荣景象出现了。投资者不会将债务累积看成是真正的问题。金融领域的创新刺激着商品生产部门的进一步发展。在如此繁荣的世界里，庞式投资者悉数登场，那些并不关注直接投资回报的投资者开始灵活抉择以获取跟他们预期一致的高额资本收益。这样的经济增长难以简单地持续，泡沫会产生，并最终破灭。一旦泡沫破灭，公司和家庭的不断减债行为可能导致经济走向萧条。由此产生的问题是，此时政府能否通过财政政策或配套的金融制度来扭转局势，后者与中央银行进行合作，而这些措施也可能导致市场充斥“低利借贷”。

明斯基自己并没有对这样一个过度投资的周期持续的时间进行解释。基恩则暗示 20 世纪 30 年代与最近的金融危机存在相似之处。因此，他认为明斯基的金融不稳定假说实际上支持了 K 波的存在。佩蕾丝除了对长波进行技术性解释外，也为金融不稳定假说预留了空间。在技术革命处于技术推广阶段的末期时，在新的、高利润领域的投资水平非常高（包括 1793 年的运河热、1847 年的铁路热以及 2000 年的互联网泡沫）。这一时期由于新金融产品的引入，金融领域的投机行为同样增长。最终，泡沫破灭，经济发展进入平缓阶段，也就是佩蕾丝所说的“技术运用阶段”。明斯基认为，同样也被维瑟强调的，尽管泡沫的出现没有直接原因，将技术发展和金融发展相结合是富有成效的解决路径。然而，佩蕾丝并没有清晰地解释金融部门在 1793 年、1847 年和 1893 年，在从技术推广阶段到技术运用阶段转变过程中的重要性。

若要呈现完整的长期发展图景，研究者应考虑“政治与文化子系统的半自治发展”。（Freeman and Louçã，2001，p.255）我们曾在第一章中讨论过，波兰尼所定义的双重运动完整描述了长波理论。为了纠正资本的过度扩张，有必要在社会中建立政治上的多数派。相反的情况下也是如此，为了促进技术的革新突破，有必要创造更多的经济自由空间。正如第二章中论述的，经济与政治相互影响。同样，这种复杂的互动关系或多或少助长了对于长波的常规存在模式的合理怀疑。

然而，长波的常规存在模式只有在研究者渴望对现状进行预测的时候才具有重要性。系统的 K 波理论并不是理解复杂经济、技术与政治发展的前提。但有人会得出这样的结论，上述假设性研究将激发开创性研究。类似“这一次会不一样”“资本市场的有效运作”“技术的持续进步”的传统观念应当调整，部分原因是考虑到了长波理论。

上述讨论所得出的结论有助于我们理解最近的经济变化。2007—2008 年的金融危机显示了它与 20 世纪 30 年代金融危机的相似性。然而，尽管双泡沫出现在世纪之交，但其影响并没有那么深远，主要原因在于政府的干预措施。那么政府的干预措施是否总是有效呢？因为无论是否有长波存在，资本主义的动态发展都具有天生的不稳定性。彼得·特明从两个教训中总结了上述思

路。（Peter Temin，2010，p.16）

第一个教训是开放的美国经济容易每隔一段时间就崩溃。良好的条件可以消除一个年代的经济萎缩，但美国经济的繁荣又受制于这些条件。第二个教训是不受限制的资本主义承受了巨大压力，这种压力只有在面对诸如大萧条这样的经济急剧衰退时才能得以减轻。

第六章　两个大陆的故事

一、进取和追赶

我们在前面提到过，第一次工业革命发生在 18 世纪后半叶的英国。这个问题引发了一系列的思考：为什么工业革命偏偏在英国发生，为什么不是在欧洲大陆的其他国家。可是在 20 世纪的时候，英国经济落后于美国，仅居第二。为什么会有如此分化的发展？如今，美国和欧洲的经济实力不相上下，到底是这样伯仲之间的趋势由来已久，还是在第二次世界大战后欧洲才缩小这种差距？欧洲怎么做才能实现赶超？如果欧洲实现赶超，又会给世界带来什么样的影响？所有的这些问题都没有一个明确的答案，但是，这些问题都是关于“进取”和“追赶”的。

佩蕾丝的分类显示，第一次工业革命并没有任何宏观数据记录。自 1820 年起，部分国家才开始记录人均产量数据。表 6.1 是 1820—1913 年美国和一些欧洲国家的人均国内生产总值。这些数据是统计指数，从表中可以看到，将英国这个先进国家的统计指数设为 100。19 世纪 20 年代，其他欧洲国家和美国的经济极其落后。荷兰与这些国家的经济相比，表现更好。和英国一样，荷兰是个重视商贸发展的国家，在工业革命之前，荷兰的福利指数相对较高。

值得探究的是，相比欧洲大陆国家，为什么英国始终能独领风骚。诺斯和托马斯（North and Thomas，1973，p.156）将这种情况的初始条件的特征归类如下。“截至 18 世纪，英国经济持续增长。在普通法的体系下，国家已经制定了一套行之有效的产权体系，除了清除生产要素和生产市场资源分配的障碍，英国已经开始完善专利法来保护私有财产。这为工业革命做好了铺垫。”

表 6.1　1820—1913 年部分国家人均国内生产总值（统计指数）

国家	年份			
	1820	1870	1900	1913
英国	100	100	100	100
比利时	74	81	80	82
德国	63	59	68	76
法国	69	57	62	68
荷兰	89	81	77	78
意大利	62	45	38	50
美国	73	75	89	105

资料来源：Maddison，1995。

乔尔·莫基尔（Joel Mokyr，1990）补充，对比欧洲大陆，英国吸收了大量的技术工人。除此之外，英国完善的交通系统，部分归功于运河众多。我们很难定义上述各种因素的实际重要性，然而，大部分人深信，1688 年的光荣革命是后来发展的一个契机。正如第一章所讨论的，光荣革命意味着议会能更加自主地发挥更大的影响，为新兴的富裕中产阶级获得更大的政治权力扫清了障碍，进而为技术革命建立深厚基础，因此尽管被技术进步所淘汰的人和创造性破坏的受害者竭力反对也无济于事。莫基尔概述了各种阻碍技术发展的尝试均是以彻底失败告终。暴动骚乱受到英国政府的严重打压。“在 1811—1813 年的勒德运动，英国政府调遣了超过 12 000 名士兵镇压暴动，这次事件派出的军队规模比 1808 年的惠灵顿在半岛战争中的军队规模还要大。”（Mokyr，1990，p.257）同时，由于工人阶级自身的政治影响大于阻碍新技术引进的势力，所以阻碍引进机械的立法尝试也失败了。

罗伯特·艾伦（Robert Allen，2011）对英国工业革命的发生提出了自己的解读。他假设，技术发展是由内因和定向指导的。定向指导的技术发展意味着特定生产因素的输入是有限的。这种背景下的技术发展更多的是人力投入和对煤炭使用的改变。对比欧洲国家，18 世纪末的英国工人实际薪资是相对较高的。另外，因为煤炭资源充足，能源的价格很低。因此，引入节省劳动力和能源使用的技术有很大的优势。显然，这样的发展趋势促使发明家更加注重开发新技术，进而促进先进工业部门（纺织业）机械化、蒸汽机在矿业部门的应用、钢铁产量的大幅提高以及铁路建设发展。从实践中学习，再将所得的知识应用于实践中，这进一步推动了技术向前发展。

对于欧洲大陆的国家，工业化发展相对滞后。即使在各种行会解散之后，法国的传统工艺组织也仍然强大，随之而来的是“19 世纪的法国工业发展仍然依赖于地方市场的小规模作坊”。（Mokyr，1990，p.260）另外，欧洲大陆正处于巨大政治动乱阶段。1789 年法国大革命和之后的拿破仑战争对经济的发展也产生不利影响。大卫·兰德斯把这些影响总结如下：“1789 年至 1815 年长达 25 年的革命运动和战争摧毁了法国国内大部分建筑，严重破坏了企业和贸易发展，虽然陆续有一些新发明，但发展速度严重落后，在促进项目发展的同时也制定各种条条框框，实际效果远远比不上英国工业发展。”（David Landes，1998，p.257）

根据卡萝塔·佩蕾丝的分类，表 6.1 的数据清楚地显示出，第二次工业革命（1829—1873 年）发展并没有带来大规模的追赶效应。除了比利时和美国外，虽然各个国家都有一定程度的经济发展，但经济实力远远不及英国。比利时的工业化发展出现在相对早期阶段部分得益于其得天独厚的煤矿资源。

为更加了解欧洲和美国工业的发展，我们可以转向分析 1870 年的劳动生产力（每小时产量）。这些数据更好地解释了劳动生产力数据比人均产出数据更能说明技术发展的状态。而这两种指标的差异在于人均工作总量和参与率的不同。这个比率受到人口构成和已实现的休闲时间影响，而且不同国家的人口构成和实现的休闲时间数值也会有所不同。统计指数以美国为对照组，数值设置为 100。前面已经提到，在 20 世纪后，英国的技术领导地位已经让位于美国。表 6.1 和表 6.2 的数据正好论证了这一点。

表 6.2　1870—1992 年劳动生产力（指数）

国家	年份						
	1870	1913	1929	1938	1950	1973	1992
英国	100	100	100	100	100	100	100
比利时	94	70	64	61	48	70	98
德国	70	68	58	56	35	71	95
法国	115	86	74	69	62	68	82
荷兰	60	56	55	62	45	76	102
意大利	103	78	84	72	51	81	99
美国	46	41	38	44	34	66	85

资料来源：Maddison，1995。

在第三波大浪潮期间（1875—1918 年），英国在新工业部门，如电力、钢材和化学等的投资低于美国和德国在同类部门的投资。相反，海外盈利项目，对煤矿、种植园和基础设施建设（铁路）的投资相对较高，而这些投资资金源自国内经济的发展。财政部门分配投资资金。弗里曼和卢桑认为现有的权力关系位于这些发展的底端，“伦敦在金融服务的强大发展趋势意味着和制造业对比，金融资本和海外投资组合逐步占据经济政策制定的主导地位”。（Freeman and Louçã，2001，p.254）金融部门的强大并非是阻碍新技术协调发展的唯一障碍。其他机构部门也是技术停滞的一个很重要的因素。美国和德国设立高等教育机构，培训高水平工程师，这是为了满足新工业发展的劳动力需求。就这方面而言，英国是相对滞后的。而中等和低水平技术工人的教育和训练也都是如此。此外，弗里曼和卢桑明确指出："英国传统的在职培训和'就业'教育适用于以机械创新为基础的技术，并通过在工业革命早期阶段的实践中学习，但是结果却越来越不适合新科学技术的发展。"（Freeman and Louçã，2001，p.254）除了上面提到的区别，卡尔·冈纳·佩尔松指出，典型的英国工会组织是以技巧为基础的，而不是以部门为基础成立的。因此，工人在谈判过程中常常会遇到"多工会"的尴尬局面。每一个工会都为自己的成员发声，使得一些公司引入新技术困难重重，"基于这样一个多工会背景，一个单独的工会很难在薪资和新技术引入的谈判中独掌大权"。（Persson，2010，p.120）

第四章已经简单提到过，经济落后的国家有可能依赖技术的发展，或是模仿，或是复制，追赶一些经济发达国家，也就是说，人均国内生产总值相对较低的国家发展速度也可以很快，人均国内生产总值水平和增长率也有可能呈负相关。统计学研究显示，1870—1913 年并没有出现一个国家赶超另一个国家的案例。如果某一个国家发展迅速，那么其他国家若想赶超并不是一件容易的事，能和该国齐头并进已经是很了不起了。19 世纪 70 年代政治改革后，德国制造业就做到了这一点。但是由于这些数据包含了农业部门和服务部门的发展，所以表 6.2 的宏观经济数据显示这种趋势并不是很明显。这些部门在经济总量的份额不同会对宏观指数产生影响，如果说德国农业部门占据较大比例，劳动生产力会保持适度增长。更多试验性证据见斯蒂芬·布劳德伯利、乔瓦尼・费德里卡和亚历山大・克莱因的研究。（Stephen Broadberry，Giovanni Federico and Alexander Klein，2010）

在 1913—1929 年发生的重大事件均是第一次世界大战后的世界格局决定的，除了荷兰（没有参与战争，保持中立），欧洲的技术增长相对落后，大萧条（1929 —1938 年）期间，因为受到影响，欧洲与其他国家的技术差距越拉越大。但第二次世界大战使这种差距变得更大了，对比 1938 年和 1950 年的经济产出，这些在表 6.2 的数据中都能得到清楚显示。根据范德克伦德特和范・斯海克的解释，从统计数据中可以看出，在 20 世纪 50 年代以后，欧洲的赶超趋势显著。1992 年，所有西欧国家，不包括英国，在技术创新方面，或多或少拉近了和美国的距离。因此，一些学者把 1950 —1973 年看作是欧洲的黄金时代。1973 年后，就没有观察到明显的人均国内生产总值赶超的数据了。然而，表 6.2 的数据清楚地显示。1973 年之后，劳动生产力始终持续增长。之所以会有这样的差别，是因为欧洲的参与率（工作时数和总人口之比）相对美国来说有所降低。

正如第四章所讨论的，"追赶"指的是模仿领先者的技术发展，也就是说较少注重于创新方面。为实现经济增长，必须把重点放在投资上面。在关于企业家的选聘和创新经济增长的研究中，达龙・阿西莫格鲁、菲利普・阿吉翁和法布里奇奥・奇李博迪认为，在这样的大背景下，一个国家只有制定适合的投资导向型经济战略才有可能获得一席之地。和格申克龙一样，一些学者认为，特定制度有利于加快追赶进程。关于这点，不同的人可能持有不同的观点，有些人认为，公司和银行长期合作关系、大型企业和政府支持，如补贴或制定竞争限制政策也有利于促进“追赶”发展。在第四章的“赶超和制度”一节中阿西莫格鲁的模型更加深入地讨论了这个问题。这同时表示了采取限制竞争的措施是可以促进投资的。对于企业家或经理（在模型中，他们的功能是可以互换的）更能收获技术创新投资的胜利果实。很多经济学文献都有提到“独占效应”，如果追赶进程相对滞后，那么以创新为基础的经济战略更适合这些国家的发展，更少的模仿，更多的创新。因为以创新为基础的经济战略更加注重的是企业家的创新能力，这样的一种战略需要体制性的改革。企业新聘的管理者理所应当顺应这种改革潮流，但如果现有管理者正享受普遍流行制度的特定保护，改革就会变得稍微复杂。现有管理者的留存收益确保他们不会被资本主义者淘汰。所谓的“租金保护”效应意味着限制竞争政策阻碍创新的发展。因此，如果某国制度构建允许充分竞争，那么该国应适时引入以创新为基础的经济战略。

自 1945 年以来在欧洲经济的广泛研究中，尽管巴里·艾肯格林（Barry Eichengreen，2007）使用的术语和研究方法与阿西莫格鲁等学者的不同（对比阿西莫格鲁等学者的分析性方法，巴里·艾肯格林使用的是描述性方法），但他也得出了类似的结论。从这一意义上讲，艾肯格林的著作是对阿西莫格鲁等学者的补充。这两份研究都认为，赶超经济是以大量投资和大规模生产为基础的，互补部门是促进经济协调增长不可或缺的一部分。艾肯格林指出，“随着工业生产越来越复杂和工业部门越来越独立，促进不同行业同步发展的任务越发迫切”。（Eichengreen，2007，p.4）为调动所需储蓄，资助大规模投资发展，银行需要和客户建立长期持久的合作关系，进而促进经济扩张。正如他概括的，通过大量资本累积和技术引进来加快的经济增长进程可以称为粗放型经济增长，这种增长方式和集约型经济增长相反，集约型经济增长以不同形式的创新及工人、经理选择为基础。

粗放型经济增长要求足够的制度来支撑。除阿西莫格鲁等学者强调的金融机构和工业企业长期合作往来外，艾肯格林提到，粗放型经济增长需要建立其他体制刺激经济发展。同步促进行业企业发展这个问题在欧洲政府借助政府计划公司和国有控股公司得以解决。政府通过一系列正式和非正式的规范来调控市场力量。艾肯格林提出的“协调性资本主义”是社会参与者经济活动协调发展的前提条件。所谓“协调性资本主义”指的是“团结的行业工会、有凝聚力的雇主协会和注重经济增长的政府一起齐心协力动员储蓄、促进金融投资、稳定薪资水平、调动充分就业，进而加快追赶进程”。（Eichengreen，2007，p.3）

随着追赶进程几近完成，情况就不得不改变，因为粗放型经济增长要求建立不同的机制。艾肯格林认为，20 世纪 70 年代后，这种转变是必然的，但过渡的时期还有点为时过早。正如上文提到的，就生产力而言，追赶进程仍处于 20 世纪七八十年代的阶段。在更为近期的阶段，欧洲一体化导致产品市场更加激烈的竞争，有利于促进创新型经济增长。资本市场愈加一体化，但劳动力市场和再分配政策并没有因为集约型经济增长而改革。对此，国家能否在更多的物质福利和更多的社会福利之间取得平衡呢？国家还有没有其他选择呢？这一切仍然是个未知数。

欧洲和美国在体制方面存在很大的不同，这和两个地区的社会主义扮演的角色有很大的关联。伴随工业革命发展的是无产阶级的崛起，这促使了马克思和其他学者批判性地分析资本主义。为改善工人阶级的情况，工会和社会主义政党应运而生，这和字面意义上的阶级斗争差不多。但是在美国，社会主义受到一次又一次的暴力镇压。而在欧洲，统治阶级的权力也因为第一次世界大战动荡而被大大削弱。基于这样的大环境下，从 1917 年至 1920 年，欧洲大多数国家采取的选举制度是比例代表制。这就为社会民主党和工人阶级的重大影响奠定了基础，而这种发展对福利国家的重要性见下面的讨论。

二、福利国家

福利国家关注贫富之间的再分配。在 1880 年之前，对穷人的公众支持几乎没有。在大多数欧洲国家，贫穷救济支出在国民生产总值的比例不到 0.5%。在美国，1930 年以前，贫穷救济支出占国民生产总值的百分比甚至低于 0.2%。从总体层面上讲，私人慈善机构在贫穷救济中发挥的作用微乎其微。但英国却是一个显著的例外，尤其在英国旧《济贫法》实施的全盛时期。在第五章，我们已经讨论过，斯宾汉姆兰体系是英国乡村工人阶级的济贫制度。在这种体系以及英国其他地方类似条款的指导下，从

1795 年至 1834 年，英国贫穷救济支出在国民生产总值的比例上升至两个百分点。正如我们在第二章提到过的，再分配需要政治力量的干预，所以这样的发展是非常惊人的。也有其他解释认为，之所以有这样的发展是因为实行强权政治的地主担心工人阶级的人口起伏。然而，根据英国旧《济贫法》对贫穷阶级提供大力支持的这样一个家长式作风的解释似乎更加没有说服力。对贫穷阶级提供支持的真正原因是地主害怕工人迁移到其他城市。通过为工人提供有尊严的生活，淡季也不例外，可以预防工人迁徙到他处。第四章提到过，1834 年后地主的权力不复存在，至少就这方面而言是这样。英国新《济贫法》的实施标志着济贫事业的大幅度减少。

自 1880 年起，享有政治话语权的人口比重逐渐加大。19 世纪的精英民主国家要求确保更多的人参与选举，发展更加广泛充分的民主国家。彼得·林德特相信，这将对重新分配产生重要影响，“更加广泛、充分的民主国家将纳税人的钱更多投入到社会转型中，而不是维持精英民主国家”。（Peter Lindert，2004，Vol. I，p.179）然而，普选制并不能保障所谓政治舞台人口比例代表制的实施。其他政治体制，如区域代表制仅仅是少数部分。尽管国家之间的历史发展有很大的不同，比例代表制现在成为欧洲大陆国家的既得权利。阿尔伯托·艾莱辛那和爱德华·格莱泽总结欧洲变得更加民主的发展过程如下。（Alberto Alesina and Edward Glaeser，2004，pp.98–99）

比例代表制是一种相对近期的现象。在 1890 年之前，除比利时、芬兰、葡萄牙和瑞典在第一次世界大战之初建立比例代表制外，欧洲的其他国家并没有实行比例代表制。而之后这些国家的比例代表制转型主要发生在 1917 年至 1920 年，奥地利、丹麦、法国、德国、意大利、荷兰、挪威、瑞士也相继采用比例代表制。

尽管存在时间差异，对发展深入探讨总结得出，工会和社会主义政党在获得政治力量方面发挥着重要作用。1886—1893 年的比利时工人起义和罢工，以及德国 1919 年失败的斯巴达克革命表明，有时需要通过暴力方式解决问题。在荷兰，比例代表制的发展相对缓慢，经不同政党的妥协后，荷兰的男性终于在 1917 年获得选举权。在这场妥协中，宗教团体规定，将学校公共基金的部分划拨为支持建立比例代表制，这就是荷兰著名的 1917 年合约。

图 6.1 清楚显示，自 1870 年以来，在欧美多个政府在补贴和转移支付方面的支出加大。纵轴数值表明欧美多个政府对补贴和转移支付方面的支出占 GDP 的百分比，这个数值是欧洲大陆 10 个国家（奥地利、比利时、法国、德国、希腊、爱尔兰、意大利、荷兰、西班牙和英国）上述支出的平均数。[①] 支出包括直接支持措施和社会保险支出，也就是说，并非所有的再分配都是让富人

① 将英国的数据纳入会使得“欧洲大陆”的定义或多或少存在误导性。

补贴穷人。林德特认为，“从扶贫计划转向社会保障投资项目的得益者最终还是支付税收的收入阶层。所有社会支出需要更加明确的再分配政策，这就是再分配如此备受争议的原因”。（Lindert，2004，Vol.I，p.6）

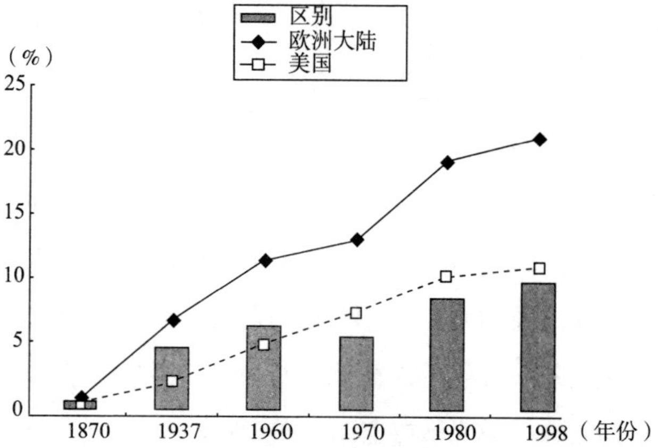

图 6.1　1870—1998 年政府对补贴和转移支付的支出
（国内生产总值，百分比）

资料来源：Alesina，Glaeser and Sacerdote，2001。

从图 6.1 中我们可以总结得出，自 1870 年后，西方世界不断加大社会支出，但欧洲大陆和美国在社会支出方面的结构性差距也值得关注。在美国，用于津贴和社会转移支付的支出远远低于欧洲，这也导致出现了美国例外论这一说法。有些人可能注意到，美国人对慈善的投入比欧洲人多，但这也不能弥补两个地区之间公共转移支付投入之间的巨大差距。因为美国在再分配之前的收入不均衡比欧洲地区严重，所以这两个地区在社会支出方面的差距还有待进一步探讨。除此之外，两个大陆的社会支出占其 GDP 百分比逐渐提高，它们的民主化进程也有待进一步分析。尤其是在 20 世纪六七十年代，很多学者在其著作中发出这样的一个信号，福利国家如雨后春笋般涌现。在回答上面提出的潜在的问题之前，在学习了第二章的政治经济学后，我们要做的就是重新审视回顾再分配理论。

简单来讲，每个人都会把自己的利益放在首位，要想实施“一人一票”，只有在中等收入阶层人数少于平均收入阶层人数的前提下才可以，这样，选民的绝大多数才会支持所得再分配，再分配理论才能真的落到实处。当然，我们也要考虑再分配的成本。因为经济行为者造成的边际抵换扭曲，再分配成本包括行政开支和效率损失（无谓损失），这些都涉及纳税人和转移收入受让人的决策。如果允许总成本，那么中等收入阶层则会选择支持再分配。然而，这个原理还不足以解释美国例外论这一说。从上面的讨论我们可以推论出，美国的初次收入分配比欧洲更加不平等，但两个大陆之间的再分配成本相差并不大。基于中间选民理论，美国用于再分配的支出应该比欧洲的高。保留这种纯经济理论的其中一个可能性就是考虑中等阶层的期望。如果放在实际中，中等阶层应该希望在不久的将来进入更高的收入阶层。所以，再分配对他们来说并不是上策。到底这样的争论是不是有点经验主义，我们需要研究美国不同收入的阶层流动性是不是比欧洲高。研究表明，这两个地区的居民在阶层流动方面的差异并不是很明显。艾莱辛那和格莱泽指出：“美国中产阶级的流动比德国的中产阶级高不了多少。”（Alesina and Glaeser，2004，p.63）其他人研究的观点跟上述观点相比似乎也只是大同小异。

上面的观察表明，经济理论的简单逻辑起点应该放弃。经济行为主体不仅受到自我利益驱动，而且他们也关注其他经济行为主体的福利。因此，我们还需要进一步研究利他主义的特定形式。此外，政治领域也面临很多复杂局面。尽管西方社会已实现民主化，议会比例代表制的重要性差异也在加大。根据美国的地区代表制，每一个地区都应该派代表在美国议会占得一席之位。从好的方面来讲，这可能成为其他不同国家比例代表制水平的参考。

艾莱辛那和格莱泽研究发现，对数比例和 OECD（经济合作与发展组织）国内生产总值中政府转移性支出的占比之间存在正向的统计关系。再加上一些控制变量，如国民平均收入和年龄超过 65 岁的人群在总人口中的占比没有明显的相关性。而图 6.2 正是这些关系的说明。纵轴的变量是政府转移性支出占国内生产总值的百分比。如图 6.2 所示，在美国和其他盎格鲁 – 撒克逊国家，比例代表制与政府转移支出占国内生产总值的占比相关性小，这些地区的收入再分配水平也与政府转移支出占国内生产总值的占比相关性小。根据艾莱辛那和格莱泽的观点，欧洲和美国不同的比例代表制水平恰好可以解释其社会支出占国内生产总值百分比的巨大差异。其他政治体制，如美国的联邦主义、三权分立、宪法，也能在不同程度解释美国例外论。

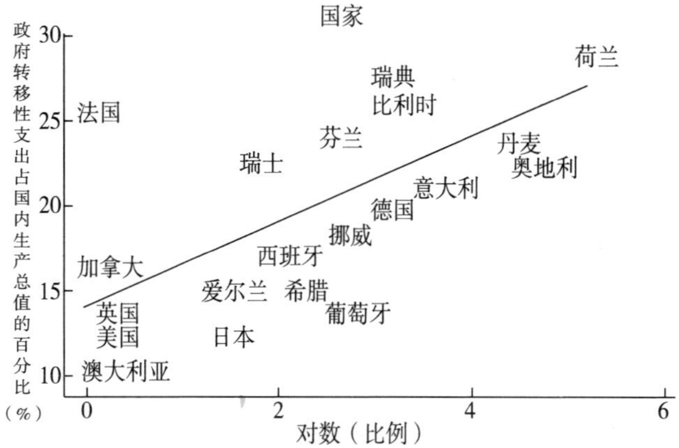

图 6.2　OECD 国家政府转移性支出占国内生产总值的比例与对数比例关系对比图

资料来源：Alesina，Glaeser and Sacerdote，2001。

当然，为什么贫困阶层在政治舞台的影响较小。就这一点也引起了激烈讨论。林德特和盖瑞·贝克一样，提出假设："政府转移性支出的规模取决于竞争压力团体施加的压力。"（Lindert，2004，Vol. Ⅱ，p.5）投入越多资源，越可能会提高特定群体的政治地位，但这种投入很大程度由牺牲的收入水平决定。根据定义，贫困阶层的收入是很低的，几乎没有更多的资源投入政治角力当中，因此，他们很难对最终宏观经济平衡产生任何影响。如果收入不平等持续恶化，如在美国，这也是其中一个要考虑的因素。就这个问题而言，林德特非常直言不讳，"收入水平差距越来越大的一个主要的原因是政府没有按比例征收富人更高的税收，而这样的不公平导致贫困阶层不能参与进一步的再分配"。（Lindert，2004，Vol. Ⅱ，p.8）

用行为学的理论解释美国例外论也非常有意义。利他主义也的确存在，但是这种同情心会随着与个人的差异的加大而减弱。美国的种族冲突是其再分配政策实施的很大的一个障碍。黑人大多数都是贫困阶层，而大部分的白人并不乐意从他们的腰包掏出一点点钱分给黑人穷人。另外，在美国，大多数人认为以福利为生的美国人普遍较懒，从这一观点出发，他们认为穷人之所以穷是穷人本身的错，与他人无关。根据世界价值观调查，欧洲人更能理解穷人的处境，他们不责怪这些处于社会最底层的人。对 53 个国家的抽样实证研究表明，社会福利支出和种族细分之间存在负相关。变量种族细分是一个指数，表明不同种族的人群随机分布的可能性。

总的来说，艾莱辛那和格莱泽的实证研究是相对零散随机的，他们没有在全面样本的基础上回归分析所有相关变量的重要性和影响。尽管如此，还是得出一个相对明确的结论："我们相信，欧洲种族同质性能解释为什么美国和欧洲的差距能拉开一半之大。只要美国种族异质性存在，再加上政治体制不同，美国就难以挤进福利国家的行列。"（Alesina and Glaeser，2004，p.146）

美国和欧洲的信仰差异并不能解释这两个地区的再分配制度。艾莱辛那和格莱泽认为，意识形态差异主要是因为思想教育。我们在本章"进取和追赶"一节提到过，因为美国从来没有接受过社会主义的洗礼，美国的资本主义和欧洲的资本主义有很大的不同。因为各种形式的政治发展，欧洲的工人运动和社会主义政党在政治和经济体制上产生过影响。此外，欧洲地区有多种替代性的社会制度安排是与该地区有多种不同的人际关系观点相匹配的。统治精英阶级支配主流意识形态。在艾莱辛那和格莱泽看来，“通过使人接受主流意识形态的方法也运用在政治活动和媒体”。（Alesina and Glaeser，2004，p.198）此外，罗兰·贝纳波和让·梯若尔（Roland Bénabou and Jean Tirole，2006）提到过，如此明显的信仰不同也有可能是因为自我实现的差异。

我们必须深思欧洲与美国的资本主义形态如此大相径庭的原因。为什么社会主义从来就不能进入美国社会？作为一个移民国家，美国是个特例。美国的公民来自不同的地方，受到不同的文化的影响，他们崇尚个人主义而不是集体主义。美国的种族对立也影响了工人阶级意识形态的萌芽。而与此同时，因为欧洲受到更大的政治影响和军事动荡。第一次世界大战削弱了既得利益集团的力量，这为社会主义赢得了一定的发展空间。

对欧洲和美国在再分配方面的差异的详细解释并不能回答为什么第二次世界大战之后欧美多数政府转移性支出占其国内生产总值比例持续上升（见图 6.1）。林德特（Lindert，2004，Vol.I，p.188）认为转移性支出占国内生产总值比例持续上升及其构成转移性支出的各个细分项目相对增长的原因包括：

（1）人口老龄化；

（2）全球化进程；

（3）人均收入增加；

（4）中等收入选民的社会亲和力。

人口老龄化导致现收现付制的养老金支出增多。全球化意味着更高的收入不稳定性。经济代理人可能希望抵抗外来风险的冲击。然而，大部分的实证研究表明，总的社会支出和开放性水平之间并没有明显的相关性，国民平均收入正向影响社会支出似乎更能解释得通，但从统计的角度我们并没有看出这一点。林德特强调社会亲和力的重要性。如果人们意识到他们的人生无常，他们会更加乐意支持建立社会保障制度。“尤其，大萧条和第二次世界大战之后，中等收入选民相信，他们和他们的家庭可能陷入经济恐慌，可能需要更加有保障的安全网。”（Lindert，2004，Vol. I，p.189）另外，有一些学者注意到，罗马天主教的保守态度有所变化，转而支持福利国家增加福利项目。若翻阅在第二次世界大战之前就公开发行的教会通喻《新事物》和《四十年》，这样的观点和愿景似乎有点天真。

在本章“进取和追赶”部分的结尾我们提到过，在赶超美国经济之后，欧洲需要采用新的经济体制，也就是艾肯格林提出的集约型经济增长。这种经济增长要求更高的劳动力市场灵活性。建立社会保障制度可能会影响这种灵活性。然而，现在讨论社会保障制度的是非曲直并不是新鲜事，林德特强调，“近代欧洲早期的所有社会史文献都是批判性的”。（Lindert，2004，Vol.I，p.3）这个问题的关键是协调“三个社会目标：帮助特定国家或州的人群，为他们建立特定的奖励机制，降低规划预算”。（Lindert，2004，p.4）林德特的实证研究已经解释得很清楚了，福利国家增加更多的福利项目并不应该以经济增长为代价。但这也导致了另外一个问题：“福利国家是免费的午餐吗？”林德特认为从某一程度上讲，确实如此。因为自从欧洲国家选择建立综合税收机制，并采取奖励机制，最大程度避免青壮年不参加工作和培训。这一制度就运行良好。（Lindert，2004，p.227）另外，社会保障制度的一些元素能提高生产力。当然，有些人可能意识到，不是所有的人都能接受林德特的观点。

关于经济制度构成的研究远比社会保障制度的研究深入。在资本主义体制下，公司和其他经济行为主体活动的协调还有待讨论。下一部分将进一步剖析这些问题。

三、资本主义的多样性

关于资本主义多样性的文献研究大多受到米歇尔·阿尔贝尔（Michel Albert，1991）的影响，米歇尔·阿尔贝尔曾经介绍莱茵模式和盎格鲁－撒克逊模式（英美模式）之间的异同点。彼得·霍尔和大卫·索斯凯斯（Peter Hall and David Soskice，2001）的著作为讨论两种模式的差异提供了理论基础。他们的研究重点是现代企业。公司需要在薪资、雇用条件和培训方面和职员沟通，需要金融市场资助它们的经营活动，需要消费者以适当的价格和交付方式购买它们的产品，需要和其他公司合作获得相关投入等，所有的这些都需要利益相关方的协调。简单来说，莱茵模式和盎格鲁－撒克逊模式（英美模式）这两种模式的差异在于它们协调问题的方法：是自由市场经济（LMEs）还是协调型市场经济（CMEs）。通过区分这两种模式，西方国家分成两大类。为更加清楚说明彼此之间的差异，我们引用大量学者的文献。在自由市场经济下“公司的协调活动主要通过层级安排和竞争市场安排，市场关系以借助竞争和要式合同交易实现公平交易商品或服务为主要特性。根据这些价格信号，经济行为主体自发性调整商品或服务的供求”。（Hall and Soskice，2001，p.8）然而，在协调型市场经济下，“公司和其他行为主体的关系协调主要依赖非市场关系，非市场模式协调需要更加广泛的关系交易或不完全契约、以内部关系网络的非公开信息交换为基础的网络监控以及主要通过合作关系而并非竞争关系培育公司的竞争力”。（Hall and Soskice，2001，p.8）协调型市场经济强调战略互动，而自由市场经济更多地把重点放在市场上面。

为确定上述市场区分的意义，我们必须要知道西方国家公司活动协调的系统差异。也就是说，经济行为主体之间是否存在制度互补性。彼得·霍尔和丹尼尔·金格里奇（Peter Hall and Daniel Gingerich，2004）通过以下六个构造变量研究制度互补性是否真实存在。

（1）股东权利：普通股东的合法权利。

（2）控制力分散程度：众多股东控制的公司数量和少数控股股东控制的公司数量之比。

（3）股票市场规模：证券交易所市场估值占国内生产总值百分比。

（4）薪资协调水平：引发劳资双方薪资谈判的工资起付线。

（5）薪资协调程度：雇主和雇员薪资协调自由度。

（6）人工周转率：短期工（少于 1 年）占所有类型工作百分比。

每一个变量形成一个指标，数值从 0 到 1。指数数值越统一，战略互动在市场操作中发挥的作用越重要。前三个变量指的是公司治理的协调，而后三个变量指的是劳资关系的协调程度。这里引用的所有数据来自 20 世纪 90 年代之前。因子分析可以披露统计材料是否包含优势因子，而结果表明事实如此，某个因子可以作为协调指数。

同样，人们也可就企业管理和劳资关系提出其他指标。而公司治理指标主要源自前三个变量，劳资关系以后三个变量为基础，在图 6.3 中，这些指标是彼此对立的，数据显示，这两个领域的机制是强烈互补的。除此之外，图 6.3 清楚显示，什么样的国家可以归类为自由市场经济国家，而什么样的国家可以归类为协调型市场经济国家。公司治理和劳资关系中自由市场经济分值较低的国家包括：澳大利亚、加拿大、新西兰、爱尔兰、英国和美国。有些人可能注意到，前四个国家在企业管理的市场力量还没有完全发展。较高分值的协调型市场经济国家包括：奥地利、比利时、丹麦、芬兰、德国、冰岛、日本、荷兰、挪威、瑞典和瑞士。这些国家以劳动力市场和金融市场高水平战略互动为特性，其中芬兰、意大利、葡萄牙和西班牙这种特性表现得尤为明显。这些国家的劳动力市场战略互动没有协调型市场经济国家突出。所以，霍尔和金格里奇将这些国家归类为混合市场经济（MMEs）。从图 6.3 中可以看到，这些国家也被列入协调型市场经济国家行列。

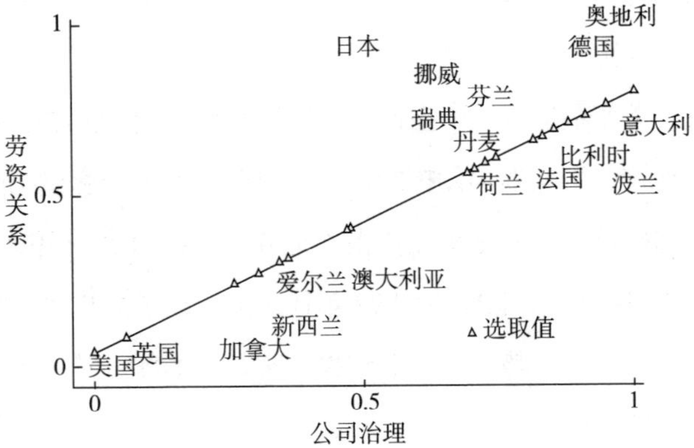

图 6.3　劳资关系和公司治理协调的制度互补

资料来源：Hall and Gingerich，2004。

在本章“福利国家”部分，我们已经了解到欧洲国家和美国在福利国家组织上的重大差异。霍尔和金格里奇认为，这些差异是次级政治经济体制互补而进一步收紧的不可或缺的一部分。这个观点在图 6.3 中得到很好的印证，图中西南方位的国家转移性支出相对较低，可以归类为自由市场经济。

霍尔和金格里奇通过 7 个变量对这种制度互补进行进一步说明。图 6.4 中，这些变量以方形矩阵方式呈现。劳资关系和公司治理是我们先前讨论分析的一部分。社会保障、产品市场监管和职业培训这些变量的意义不言而喻，而这些变量的测量需要更进一步的参数说明。企业关系指的是一个国家每年合并和收购公司的数量，用人口百分比表示。危急关头，对比单纯的市场力量，只有企业之间的合作才能开发新的技术，获得更大的市场份额。变量企业战略是企业内所采纳的诸多重要方法的综合，涉及参与式工作团队、与其他企业的合作以及和投资者建立长期的合作关系等。图 6.4 中将这些变量连接在一起的线上的数值是计算得到的相关系数。这些系数表明资本主义体制下这些变量的相互依赖程度。霍尔和金格里奇认为，结果是令人满意的，这些系数表明"正如资本主义理论所预言的，因为政治经济协调制度不同，企业战略也有系统性的差异"。（Hall and Gingerich，2004，pp.21–22）

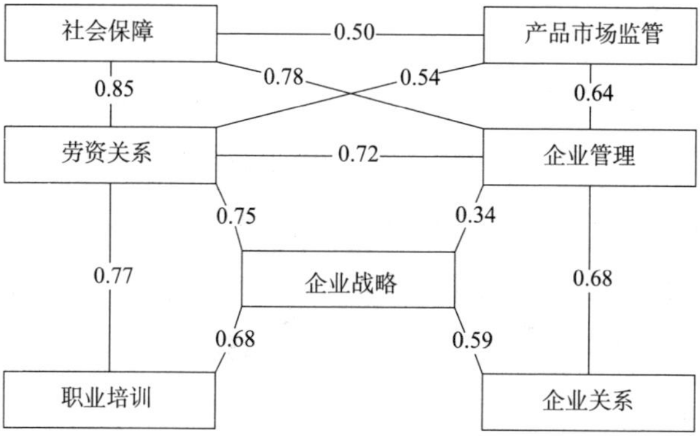

图 6.4　欧美多国政治经济细分领域的制度互补

资料来源：Hall and Gingerich，2004。

如果资本主义体制存在如此明显的差异，这些国家或地区的经济表现会不会也存在非常明显的差异呢？这个重要问题始终是众多文献讨论的核心。霍尔和索斯凯斯认为，这两种经济模式的表现不分伯仲，但是方式不同。"自由市场经济的制度框架给予公司更大的突破式创新发展空间，而协调型市场经济则更加注重渐进性创新。"（Hall and Soskice，2001，p.41）例如，突破式创新包括生产线的重大转变、新产品开发以及生产工序的创新式变革。霍尔和索斯凯斯尝试通过对比美国（自由市场经济）和德国（协调型市场经济）每一个部门的专利统计验证这种假设是否成立。在美国，大多数活跃部门都申请了专利保护，如生物科技、医疗工程和半导体。相反，德国的专利主要集中在传统部门，如农业机器、发动机和机械。然而，霍尔和索斯凯斯的分析还不足以令人信服，我们很容易对这些应用方法提出反对意见。首先，仅仅是两个国家间的对比。其次，专利统计并不能决定科技发展的本质和规模。

霍尔和索斯凯斯采取另外一种截然不同的方法对上面的问题进行探讨。通过引用 1971 年至 1997 年 OECD 国家的固定样本数据，他们从经济增长方面探讨以下两种假设。

假设 1：如果劳资关系或公司治理存在更高水平的市场（战略）协调，经济增长比率会随着其他领域的市场（战略）协调水平提高而提高。

这个假设通过引入回归方程的相互作用项，解释人均年增长率进行测试。根据要求，我们首先要确定关系条件的控制变量值。劳资关系和企业治理协调指数的相互作用项是呈正相关的，之间存在相当大的差异，而且统计意义显著。这样的结果更加确定了劳资关系和企业治理协调的互补相关性。

假设 2：如果市场或战略协调始终保持在较高或较低的水平，那么经济增长更高；如果政治经济协调类型存在较大的差异，那么经济增长更低。

假设通过引入一般协调指数和回归方程的方误差解释经济增长。经济增长和协调的 U 形关系表明，如果应用后效策略，那么经济增长较高。因此，这两种市场经济模式或多或少影响了经济总体效率。

这样的结论和艾肯格林以及其他学者的观点相反。正如本章“进取和追赶”一节提到的，如果要始终站在技术发展前沿，政府必须建立足够完善的制度。总的来说，协调型市场经济国家正处于追赶阶段，随着时间推移，事情总会改变。为进一步证明自己的论断，一些学者也进行了额外的研究检验下列假设。“从资本主义的角度来看，过去 20 年的长期经济发展并没有改变劳资关系和公司治理制度互补的有效性。”（Hall and Gingerich，2004，p.31）上面所说的过去 20 年指的是 1985 年至 1997 年。值得注意的是，更加近期的统计研究结果不尽如人意。从通用的统计标准看来，制度互补对经济增长的影响有所削弱，甚至变得不重要。这迫使霍尔和金格里奇不得不承认，“这些结果使得大家有理由相信，长期经济改变可能削弱现行制度的有效性，加大体制改变的压力”。（Hall and Gingerich，2004，p.32）

有证据表明，最近一段时间的经济压力导致协调型市场经济朝着自由市场经济线性趋同，这和现在大家熟悉的要增强经济创新力量，需要更高水平市场灵活性的观点不谋而合。由于未知的市场力量助长投机行为，相较于协调型市场经济，自由市场经济的金融不稳定性更加明显。显然，过度强调股东价值的行为容易造成只能获得短暂成功，之后甚至有可能导致价值毁灭。而且，自由市场经济的收入分配比协调型市场经济的更加不公平，这就影响了社会凝聚力的发展。简而言之，我们需要考虑不同的因素和发展。我们在第五章长波理论中讨论过类似的问题。因此，制度趋同肯定不会单向发展。本章“福利国家”部分提到过，欧洲国家与美国对资本主义制度的意见分歧由来已久，因此，霍尔和金格里奇认为：“20世纪八九十年代实质经济压力缺少，导致不同类型政治经济资本主义文献差异。”（Hall and Gingerich，2004，p.36）

四、评价

不论是从经济角度还是政治角度，欧洲历史和美国历史都有很大的不同。这一章节，我们对经济历史的讨论从1750年的英国工业革命开始。欧洲大陆国家未能立即跟上技术领导者英国的发展，即使它们后来实现工业化，欧洲大陆国家的生产力水平还是不能在第二次世界大战之前完全追上英国经济。

与此同时，在第三次康德拉季耶夫周期上行期间或第三次科技革命的技术运用阶段，根据佩蕾丝的观点这个阶段也被称为“激增时期”，美国实现了人均国内生产总值赶超英国，这可能就是部分学者提出的“后发优势”定律的实例。英国的资本积累随着日益壮大的金融部门而不断增多。英国金融部门坚持投资于海外，而不是仅仅局限于其境内的新兴部门。

从一开始，德国的国内储蓄能紧跟第三次科技革命的发展。但自第一次世界大战之后，德国经济就远远落后于美国。两次世界大战和大萧条使欧洲与美国的差距拉开了不止一个段位。

1950 年后情况有所改变。西欧国家开始赶超美国，也就是说，成为技术发展的领导者。20 世纪 90 年代前期，欧洲和美国的劳动生产力齐平，但因为欧洲对每小时产量的投入较少，美国人均产量始终保持在较高位置，而美国的休闲生活态度越来越受到大众的追捧。欧洲的赶超进程在第二次世界大战后得到进一步发展，公司间的协作关系和企业内部雇主和雇员的关系得到进一步巩固。

正如本章“福利国家”部分所提到的，欧洲大陆和美国的收入再分配和福利国家制度设计仍然有很大的差异。美国的补贴和转移性支出占其国内生产总值的比例远远低于西欧国家，这也形成了“美国例外论”这一说。而美国和欧洲的这些差异并不能简单通过中间选民理论解释。相反，以这个定理为基础，美国的再分配应该比欧洲的高。据艾莱辛那和格莱泽的研究，这两个大陆的再分配差异主要由两个因素造成。首先，第一次世界大战的政治动荡之后，欧洲工会和社会主义政党开始登上政治舞台。其次，文化多样性、异质性对人们形成共识会产生影响。艾莱辛那和格莱泽认为，美国文化多样性和政治体制是影响美国－欧洲再分配差异的两个主要因素。但是，不可否认的是大萧条和第二次世界大战之后，这两个地区社会支出占其国内生产总值的比例是不断提高的。

政治气候也对经济制度设计有着更加深远的影响。左翼国家的经济活动协调并不是完全由市场力量主导。战略互动，特别是声誉和承诺，都是市场协调的补充。霍尔和索斯凯斯通过区分不同的资本主义模式对这个观点进一步阐述。

自由市场经济很大程度上依赖市场力量的发展，和强调非市场关系的协调型市场经济截然不同。自由市场经济包括盎格鲁–撒克逊国家（不仅仅包括美国、英国，还包括澳大利亚、加拿大、新西兰和爱尔兰），而协调型市场经济国家包括欧洲大陆国家和冰岛、日本。“两个大陆的故事”在某一程度上有了更广泛的解释，但这只是使得整个故事更加丰富。鉴于关于不同资本主义模式的文献的文本之间存在的巨大差异，艾莱辛那和格莱泽讨论过的美国例外论具有很大的局限性。我们通过观察量化制度统计学意义的指标，英国、美国、澳大利亚、加拿大、新西兰和爱尔兰的制度相关性数值比较接近，图 6.2 和图 6.3 也印证了上述结论。难道是因为彰显了盎格鲁–撒克逊特色的英国人，在从英国向其他大陆移民的过程中，把这种特色带到了他们新的目的地吗？除此之外，还有一种可能就是这些国家的资本主义制度差异。米歇尔·阿尔贝尔为此将这些国家划分为盎格鲁–撒克逊模式和莱茵模式。这样的分类或多或少和自由市场经济、协调型市场经济的划分类似，但阿尔贝尔的创造性术语已经引起了更多学者的共鸣。

值得深究的是，随着经济的发展，这些国家的资本主义制度会不会趋同。艾肯格林支持欧洲完成赶超进程之后制度需要调整这一假设，据阿西莫格鲁解释，欧洲必须制定创新导向型战略才能确保始终处在技术前沿，在这一过程中，自由市场、劳动力市场灵活性和创造性破坏都必不可少。创造性破坏强调抛弃不合时宜的经济活动。但这些发展也产生了这样一个问题：欧洲能否在不久的将来缩小与美国的差距？

然而，2007—2008 年的经济大衰退及其余波，使得欧洲缩小与美国差距的进程举步维艰。盎格鲁 - 撒克逊模式的公司在金融危机之前为满足股东的短期意愿过度相机调整企业政策，银行和保险公司最终承担绝大部分的风险，这些政府必须介入才能拯救众多经济行为主体于危难之中。经济衰退后，呼吁采取措施防止金融灾难进一步演变的声音越来越大。然而，各相关经济体在预防金融危机而改善监管的努力是否足够还有待观察。

我们之前很多次讨论过制度改变和政治力量的关系，问题在于，经济大衰退能否导致制度发生翻天覆地的变化。特明（Temin，2010）强调，2007—2008 年的经济大衰退和先前的大萧条有很大不同。尽管这样，欧洲的福利国家承受着巨大压力，人口老龄化和多元文化对形成共识的影响，将对再分配和社会保障制度的设计产生重大影响。金融危机过后，关于福利国家的消极影响讨论愈演愈烈。因此，对于上面提出的问题，答案是肯定的。霍尔和金格里奇认为，欧洲的未来发展模式跟美国的模式越来越类似，但完全趋同并不大可能。

第七章　世界经济

一、条件趋同

在第六章中，我们讨论了西方国家资本主义经济体系之间的差异。为更好地了解资本主义的未来发展，我们有必要把世界当作一个整体来对这个问题进行讨论。不同国家的福利水平有很大的不同，人均国内生产总值明显不平等。另外，全球层面是否存在增长的巨大潜力。对于发展中国家，通过模仿富裕国家，根据自身条件调整技术，实现经济高速发展。如果这样的赶超进程出现，随着全球层面的合作，经济力量转移平衡，世界舞台将发生翻天覆地的变化。我们将在第八章详细说明这些问题。如果发展中国家的赶超进程结果不尽如人意，那我们需要探讨出现这种结果的原因。一些经济学家认为令人失望的赶超进程是难以理解的，正如斯蒂夫·道瑞克和 J. 布拉德福德·德隆提到的，“经济学家预测 20 世纪经济增长模式为趋同状态，但最终结果却呈明显发散状态。这完全出乎他们的预料”。（Steve Dowrick and J. Bradford DeLong，2003，p.194）

实际上，正如第四章提到的，描写后进国家的大多数的经济增长理论模型依赖于赶超进程。因为和发达国家的当地情况或制度不同，后进国家模型的趋同通常是不完整的。如果赶超不仅仅开拓知识的外部效应，也和社会能力呈相关关系，人均国内生产总值较低的国家的模型可能形成发散状态。尽管如此，道瑞克和德隆的观点也有他们的道理。我们对世界资本主义扩张的了解程度有限，需要从不同的角度分析这个问题。因此，本章将主要从实证的角度研究后进国家的潜在趋同。

我们可以利用不同的方法对此进行研究。首先，调查历史叙事背景，了解个别国家模仿技术领先国家成功的案例。其次，利用统计的方法解决问题，收集对国家趋同化的一般见解。简要概述描述性方法后，我们将深入讨论统计法。

在第六章“进取和追赶”一节，我们总结得出，西欧国家起初连追都追不上技术领先国家——英国，更不用说赶超了。1820—1870 年，工业革命在欧洲大陆发展举步维艰。1870—1950 年被认为是大动乱时期，是技术领导地位从英国向美国过渡的时期。1950 年后，西欧国家才在很多方面追赶上美国。但是，趋同又一次只有有限规模。道瑞克和德隆从更加广阔的视角对这些发展进行讨论。他们认为，俱乐部趋同（经济一体化）的概念源自威廉·鲍莫尔和爱德华·沃尔夫（William Baumol and Edward Wolff，1988），是他们分析的核心。俱乐部趋同指的是不同国家一起“促进技术转让、增长国际贸易、加大投资、普及教育，推动生产力水平和工业结构向（或至少朝着）产业核心发展”。

（Dowrick and DeLong，2003，p.195）

道瑞克和德隆将世界范围的此类俱乐部趋同划分为 1820 年至 1870 年、1870 年至 1913 年、1913 年至 1950 年和 1950 年至 2000 年几个亚时期，他们说明了哪一些国家应该加入经济一体化进程，哪一些国家应该脱离经济一体化的发展。就这方面而言，1950 年至 2000 年这一时期经济一体化成员是非常能说明问题的。在拉丁美洲，像委内瑞拉、秘鲁、阿根廷、智利和乌拉圭这些国家不再是经济一体化的成员。非洲很多国家在这个时期也被排除在经济一体化之外。然而，“东亚奇迹”使亚洲国家和地区进入经济一体化进程，如日本、韩国、中国台湾地区、中国香港地区、新加坡、泰国、马来西亚、印度尼西亚（1965 年后）和中国内地（1978 年后）。在拉丁美洲，哥伦比亚和墨西哥也加入经济一体化发展进程。20 世纪 80 年代后，印度经济快速发展。他们用叙述方法讲述大量的细节，几乎没有提出任何一般性见解。然而，由此导致的问题并不是那么容易回答，他们不得不承认，“全球化的第二纪元（1950—2000 年），经济一体化规模对全球化的影响没有那么明显，相较拉丁美洲，为什么东亚经济一体化进程相对缓和友善？为什么地中海东部要比地中海西南部的一体化发展更好？”（Dowrick and DeLong，2003，p.203）因此，能否通过统计法获得对这个问题的一般见解有待证明。

第四章已经提到过，赶超意味着衡量劳动生产率的人均 GDP 的增长明显高于初期状态的人均 GDP 水平。对比其他国家，尤其是具有最发达经济体系的国家，人均 GDP 水平低的国家可以从其他国家的科技领域学到很多。模仿现有技术可以促进经济快速增长，在必要情况下，需要根据本地情况调整技术。通过对不同国家进行抽样调查，统计测试这个假设，结果显示是负面的。人均 GDP 的增长速度和它的初始水平之间没有统计上显著的反向相关。丹尼·罗德里克（Dani Rodrik，2011b）绘制的图 7.1 正好说明这个结论。事实上，应该把每小时生产量，而不是人均 GDP 作为衡量劳动生产率的基准，但这个变量在佩恩表中不存在。虽然罗德里克并没有说明有多少个国家被抽样调查，数据集国家的数量是庞大的。我们可以通过划分亚时期增加观察组的数量。罗德里克从 1970 年至 2008 年这个时期开始，接着将这个时期明确划分为 4 个亚时期。图 7.1 的每一个观察组对应一个国家 10 年的发展。图 7.1 观察组的散点图显示，这些变量之间缺乏相关性。因此，世界经济不存在趋同性。如果根据人口规模对抽样国家进行权重，散点图发生变化。夏威尔·萨拉伊马丁的研究表明经济增长和初始收入水平呈负相关，因为“在亚洲，只有少数国家能趋同至 OECD 收入水平，而大多数国家还是偏离这个水平（尤其是非洲国家）”。（Xavier Sala-i–Martin，2006，p.354）如果我们希望研究世界收入分配的变化，这种方法是适用的。如果只是希望分析赶超增长，通过人口规模衡量不同国家是不合理的，正如萨拉伊马丁所说，赶超速度取决于国家要素。

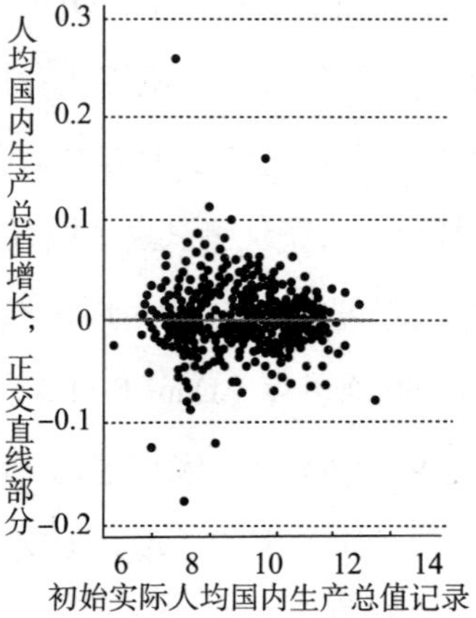

图 7.1　无条件增长回归（1970 年至 2008 年十年际回归测试）

资料来源：Rodrik，2011b。

虽然不能总结无条件趋同结论，但条件趋同仍然是一种方案。这就意味着可能形成趋同，但需要考虑很多其他的因素，例如，扰乱劳动生产率增长速度和初始值的直接联系。考虑其他大量的条件因素，影响趋同过程并不难，很多学者为此进行研究，利用回归分析测试条件趋同，结果存在本质的差别，存在相当大的疑惑。巴里·博斯沃思和苏珊·柯林斯（Barry Bosworth and Susan Collins，2003）对试验进行更新，检测以 84 个国家为样本的可能性，它们共占据世界生产总值的 95%，以及世界人口的 84%。他们坚持标准化，去掉影响实证研究结果的重要原因，也就是说，设置国家标准组、标准时期和标准条件变量获得回归结果。条件变量是经济增长的决定因素，在很多其他研究中都非常重要。因变量是 1960 年至 2000 年的人均产出增长率。和罗德里克的研究不同，他们并没有对主回归划分亚时期。值得注意的是，劳动生产率的增长速度和 1960 年美国的人均收入水平率相关，而不是劳动生产率的初始水平。在扩展回归分析时，需要区分条件变量、政策指标和其他潜在解释变量（见表 7.1）。

表 7.1　解释变量

条件变量	政策指标	其他变量
人均收入	通货膨胀变化 预算平衡 萨克斯－华纳对外开放程度指标	金融发展 实际汇率 对外开放程度的替代指标 教育指标 投资分摊
平均寿命		
人口统计		
贸易工具		
地理划分		
制度质量		

注：此贸易政策措施，杰弗里·萨克斯和安德鲁·华纳（Jeffrey Sachs and Andrew Warner，1995）研究分析计算条件，被广泛用于实证研究。

表 7.1 显示的是最重要的变量，是博斯沃思和柯林斯根据变量类型的不同对其分组。条件变量表示的是初始状态的经济定位，平均寿命是国民健康指标。条件变量的人口统计是国家规模的维度。贸易工具是构造变量，可视为国家贸易倾向指标。地理划分以霜冻日数量以及热带土地面积百分比的加权值为基础。制度质量是以国际国别风险指南信息为基础的重要变量，测量和仔细权衡贪污、法律法规、侵占风险、政府机关对合同或债务的拒绝承认和官僚质量。

统计法的所有条件变量有很大的不同，尽管结论涉及预算平衡，这个区别结果并不适用于表 7.1 第二列的政策指标。博斯沃思和柯林斯对其他变量的重要作用进行研究。明显变量，如投资比率、教育水平和金融发展几乎没有任何影响。经济的对外开放程度的替代指标从统计分析的视角来看并不尽如人意。然而，大量的研究讨论了世界市场融入度对经济增长有至关重要的作用。总而言之，这些结果差别并不大，正如博斯沃思和柯林斯总结的，“这些回归分析的突出方面和传统政府政策没有直接相关。相反，经济增长的最重要的决定因素在短期内不会发生变更”。(Bosworth and Collins，2003，p.32)

有些人可能会问经济增长的多国抽样分析和新古典经济增长理论（见第三章）之间的关系。正如前面提到的，根据新古典经济增长理论，产量增长率取决于工人数量的增长率，对应人口增长、资本存量增长和技术进步。这种关系可以轻易转换为解释人均产出增长和人均资本增长及技术进步的比率的关系。后一个变量可被定义为全要素生产率的变化。应用增长核算的简单技术，建立人均资本变化、全要素生产率变化和人均产量增长速度的贡献率研究。将这个数值和国民收入的资本份额相乘可以得到人均资本增长速度贡献率。[①] 接着，通过人均产出增长速度减去人均资本增长速度贡献率得出全要素生产率变化。也就是说，技术变化以剩余值计算。作为整个计算过程的结果，剩余值不仅仅是严格意义上的技术变化指标，也是资本利用的效益改善和转变。值

① 如果完全自由竞争，人均收入中的资本份额等于资本的生产弹性，这一点可以通过新古典学派生产函数计算。

得注意的是，这种关联没必要对技术变化偏好（劳动力或资本节省）做出任何假设。①

博斯沃思和柯林斯以原创的方式将两种实证研究方法结合。他们是利用与产量增长回归同样的解释变量获得人均资本积累贡献率和技术变化。这样的结果显示“变量影响增长的渠道”。（Bosworth and Collins，2003，p.159）从表 7.2 中，我们可以得出因变量回归系数的结果。同样，因为这些回归系数取决于相关变量的计量维度，其数值并没有多大研究价值。然而，如果将表 7.2 每一行的回归系数结合，我们可以得出条件因素和政策变量影响经济增长的渠道。值得注意的是，第二列和第三列的回归系数之和等于第一列回归系数的值。

从初始收入的回归系数明显地看出，“趋同过程可以通过资本积累和资源利用率得到证实”。（Bosworth and Collins，2003，p.159）这对于地理区分和人口规模也一样。平均寿命，尤其是制度质量通过全要素生产率改善影响经济增长，而政策变量预算平衡主要通过资本积累影响经济增长。然而并不是所有事情都如预期一般，“令人意外的是，贸易工具和贸易开放度的相关性更多是通过资本积累而不是全要素生产率。大部分的理论文献强调贸易的效率增益”。（Bosworth and Collins，2003，p.159）然而，值得注意的是，政策变量开放度不具有统计学意义。

---

① 标准新古典经济增长理论就这一点持不同的观点，标准新古典经济增长理论假设技术变革是劳动力节省，确保长期平衡增长。更多细节见第三章“从外生到内生的技术变化”。

表 7.2　1960 年至 2000 年因变量回归系数的结果

自变量	因变量		
	人均产出增长	人均资本贡献率	全要素生产率贡献率
常量	−1.64 （−1.6）	−0.52 （−0.6）	−1.12 （−1.3）
条件变量			
人均初始收入	−6.24 （−10.7）	−2.89 （−6.2）	−3.35 （−6.7）
平均寿命	0.06 （5.0）	0.02 （2.4）	0.04 （3.6）
人口统计	0.28 （4.7）	0.16 （3.4）	0.12 （2.4）
贸易工具	3.55 （3.0）	2.24 （2.4）	1.31 （1.3）
地理划分	0.48 （3.9）	0.22 （2.2）	0.26 （2.5）
制度质量	2.34 （3.6）	0.34 （0.7）	2.00 （3.6）
政策指标			
通货膨胀	−0.01 （−1.1）	0.00 （−0.7）	0.00 （−0.6）
预算平衡	0.06 （2.3）	0.06 （2.6）	0.00 （0.3）
萨克斯 – 华纳开放度	0.48 （1.7）	0.44 （1.9）	0.04 （0.2）

注：括号的数值是 t 统计数据。

资料来源：通过博斯沃思和柯林斯的研究检索。

博斯沃思和柯林斯更新的统计结果意味着趋同最终取决于单独国家的初始值。然而，条件变量披露的信息有限，这些变量对于结论来说甚至是不必要的。罗德里克表明，在他的抽样国家样本中，条件趋同可以通过所谓的国家效应证明。这种情况下，对于每一个独立国家引入虚拟变量，标记该国家的特定位置。有些读者可能注意到，这种方法仅适用于明确划分亚时期的取样周期。这种类型分析方法被认为合并截面时间序列分析。图 7.2 是某一特定国家结果，和图 7.1 有明显的不同。根据博斯沃思和柯林斯的研究，国家的截面分析引入固定国家效应并不具有研究意义。然而，固定国家效应如同黑箱，难以理解。只能说博斯沃思和柯林斯的方法从某种程度上打开这个黑箱，并没有完全了解它里面的内容，正确的研究方法是将截面和时间序列数据结合，接着就证明国家回归系数的重要性。

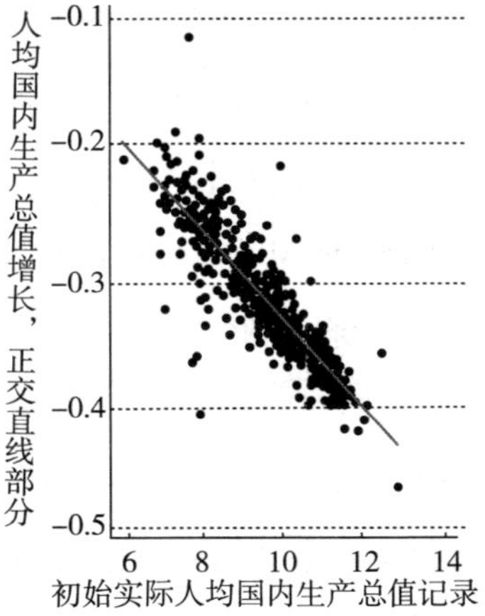

图 7.2　条件增长回归（1970 年至 2008 年十年际回归测试）

资料来源：Rodrik，2011b。

通过进一步分析统计证据后，可以认为趋同取决于短期内并不容易改变的国家要素。因此，如果要取得任何进展，历史叙事只是一种建设性方案。有趣的是，这并不是唯一的方式。罗德里克的研究显示，无条件趋同并不适用于1990—2007年制造业处于四位数水平的劳动力生产率。此外，这个时期是拉丁美洲、非洲和亚洲的发展中国家的黄金时期，自1950年后，它们的人均国内生产总值增长速度超过发达国家。下一部分将讨论罗德里克的研究结果。

二、结构主义

1990年至2007年，因为经济日益全球化，这段时期是发展中国家的显著增长时期。基于这样的背景，玛格丽特·麦克米伦和丹尼·罗德里克指出，“几乎无一例外，发展中国家自20世纪90年代后日益融入世界经济，工业品关税低于以前，外国直接投资达到新高”。（Margaret McMillan and Dani Rodrik，2011，p.2）因此，正如罗德里克阐述的，制造业趋同明显。如果考虑固定国家效应，结果将更加简洁明了。此外，一些读者可能已经注意到了，他们并没有调查1990年至2007年的总量经济无条件趋同发生的原因。然而，可以想象，制造业的国际竞争比其他行业更激烈。

发展中国家的经济被认为是二元经济——在不同的产业劳动生产率有明显的差异，如第四章（图4.10）所示，在一些更加先进的经济体，这些差异更加尖锐。因此，如果发展中国家能实现发达国家的经济发展样式，整体经济生产率将更高。[①] 当然，这也意味着农业领域和受保护部门的就业率更低。在这个假设案例中，麦克米伦和罗德里克计算得出印度的平均生产率增长可能翻倍，而中国的甚至可能达到三倍，这种影响对一些非洲国家甚至更大。然而，这样的一个理论构想可能在某种程度上存在误导。只要促进生产要素有效配置，学者应该对比边际生产力而不是平均生产力。而且，这样的要素重置影响相关行业的边际生产力。尽管如此，在发展中国家，生产要素可能不是根据新古典主义理论进行分配，造成这种现象的原因主要是不同国家的制度要素不同。在第四章的“结构转型”部分韦尔分析了落后国家缺乏流动性的可能原因。

全球化浪潮迫使发展中国家调整行业结构。赶超导致不同制造业劳动生产率持续增长。另外，因为节省劳动力，这些部门的就业率有所下降，问题在于是不是所有下岗工人都应该重新被制造业聘用从事相关工作。一些人提出，我们可以通过淘汰效率低的公司从而节省劳动力。部门寡头垄断的理论表明，利益最大化垄断联盟的收益定价非常高，以确保低效率公司（边缘公司）能继续在市场占据一席之地。如果垄断联盟也参与市场竞争，垄断将不复存在。此外，我们需要研究发展中国家效率最高的企业能

① 谢长泰和彼得·克莱诺（Chang-Tai Hsieh and Peter Klenow，2009）估算中国（1998—2003 年）和印度（1987—1994 年）全要素生产率在制造业不同部门不合理分配的影响。他们认为“美国能效”将中国的全要素生产率从 30% 提高至 50%，印度的全要素生产率从 40% 提高至 60%。

否应对全球竞争。一方面，这些国家的薪资水平相对较低；另一方面，这些国家的生产率也远远低于发达国家。劳动生产率提高可以节省成本，提高这些国家在全球市场上的竞争力。然而，这种机制并不意味着相关企业能扩大其在世界市场的版图。

根据麦克米伦和罗德里克的研究，经济总量中劳动生产率的提高可以通过两个因素解释。第一个因素包括不同领域劳动生产率提高的加权综合，加权值是就业总人数相关部门的就业份额。据他们解释，第一个因素属于生产率增长的组成部分，第二个因素是结构变化术语，它等于就业总人数份额变化综合乘以初始情况相关行业的劳动生产率。我们可以假设第一个因素是正数。因此第二个因素是负数。尤其如果这些行业的就业率下降是劳动生产率（人均产量）提高。“如果流失的劳动力最终导致较低生产率，全球范围经济增长将更加举步维艰，甚至产生负面影响。”（McMillan and Rodrik，2011，p.13）当然，如果流失的劳动力导致失业严重，上述论断的依据将更加充分。

上述分解适用于 1990 年至 2005 年 38 个国家、9 个行业部门的抽样调查，如图 7.3 所示。亚洲和拉丁美洲、非洲之间存在明显差异。拉丁美洲、非洲出现负增长结构变化，而亚洲结构变化归因于全球经济生产率增长。负增长结构变化意味着劳动力从制造业、交易服务等高产部门重新走向低产部门，主要包括一些非正式部门，甚至是农业部门。如果不同洲的国家经济增长差异的绝大部分可以通过结构变化术语解释，结构变化术语的重要性将更加明显。罗德里克提供了更多细节，“亚洲在 1990 年至 2005

年的劳动生产率增长每年超过非洲 3 个百分点、拉丁美洲 2.5 个百分点，在这样的结构变化术语差异中，非洲占 1.8 个百分点（61%），而拉丁美洲是 1.5 个百分点（58%）”。（Rodrik，2011，p.29）当然，我们要记住抽样调查的国家样本数量是非常有限的。比如说，非洲 9 个国家一起占据撒哈拉以南地区人口的一半。此外，抽样国家包括 9 个拉丁美洲国家和 10 个亚洲的发展中国家，包括中国和印度。当然，这样的抽样国家比例并不能影响罗德里克对这一重要现象的进一步调查。

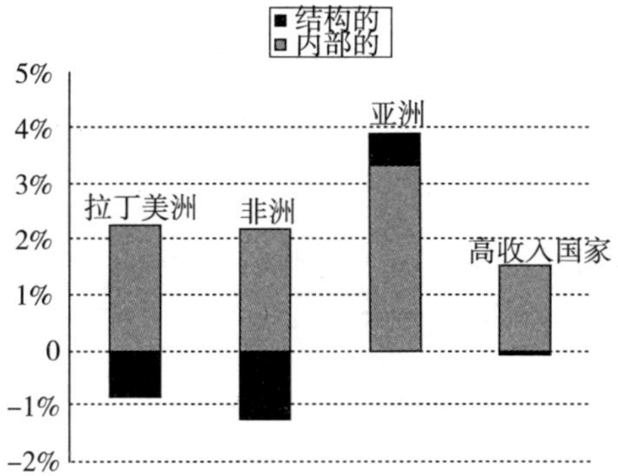

图 7.3　“内部”和“结构变化”之间的增长分解（1990—2005 年）

乍一看，部分读者可能以为制造业生产率的趋同是因为“在这期间，抽样调查的所有发展中国家越来越受到全球化进程影响”。（McMillan and Rodrik，2011，p.22）然而，这一点和不同洲的国家的结构发展趋势并不一致。当然，越来越激烈的全球化进程是一种全球现象，这样的一个事实意味着不同国家因为当地情况和地方政治的不同，其全球化进程也会不同。进口竞争使得本地制造业竞争更加激烈。如果国内企业把产品价格定得高于世界市场价格，不仅忽略较低的薪资水平，国内市场的开放度也会有很大的问题。为了提高竞争力,国内企业需要规范化,降低成本,并通过提高生产力在市场占据一席之地。如果真的是这样，世界市场的防御阵地和扩充就不是任务的重中之重了。

根据麦克米伦和罗德里克的研究，在全球混乱竞争市场的情况下我们需要理智地控制下降趋势。在拉丁美洲和非洲，政策制定者选择日益融入经济全球化进程。此外，这些国家在货币估值过高的背景下实现自由化主要是希望反通货膨胀。麦克米伦和罗德里克提出，"估值过高的通货紧缩措施确保可贸易行业进一步发展，淘汰低利润率的制造业"。(McMillan and Rodrik, 2011, p.23)

另外，麦克米伦和罗德里克指出，不同大陆的国家发展差异是因为专业化模式差异。拉丁美洲和非洲国家自然资源和初级产品丰富，尽管相关领域部门生产力水平高，它们对总量经济的贡献是有限的。相反，其促进负增长结构变化。罗德里克提出"这是另一种自然资源的诅咒"。(Rodrik，2011b，p.32) 然而，如果不对其进行进一步说明，这样的解释远远不够。如"荷兰病"所示，某个国家所具有的原材料或矿物资源禀赋可能会提高实际汇率，影响其他制造业部门。但自然资源是否对经济增长产生不良后果还有待观察。

加文·莱特和杰西·杰拉斯塔 (Gavin Wright and Jesse Czelusta，2004) 通过研究过去和近期矿物相关经济的发展，反思资源诅咒。调查结果显示，资源禀赋并不意味着该国的发展依赖于意外利润，宏观经济增长低。有些时候也可能导致资源价格陡升，如 20 世纪 70 年代一样。然而，正如莱特和杰拉斯塔指出的，这段时期相当特殊，“因为研发、挖掘、提炼和利用技术发展，矿业生产不断扩大，20 世纪 70 年代的市场表现和 20 世纪 90 年代的市场表现形成了鲜明对比。换句话说，这是个学习的过程”。（Wright and Czelusta，2004，p.36）

饭冢美智子和卢克·泽特（Michiko Iizuka and Luc Soete，2011）从更广阔的视角讨论了资源禀赋国家实现经济高增长的可能性。他们以作为经济增长发动机的自然资源为基础分析赶超进程，尤其是对拉丁美洲国家的分析。他们认为，因为自然资源开采的经济活动最近发生变化，一些学者先前的很多假设将不复成立。饭冢美智子和卢克·泽特具体提出以下几点。

（1）自然资源生产不再是“飞地”，和前向关联、后向关联的其他活动相关。

（2）利用生物科技、纳米技术和环境科技的新知识提高知识密集型生产活动的潜力。

（3）可能将自然资源生产为基础的新知识应用到其他行业，形成所谓的“倾向迁移”。

（4）因为自然资源生产的特殊本质要求结合环境条件，包括气候、地理、土壤等。

（5）因为全球市场划分实际就是产品特性（质量、独特性、专业性）的划分，而不是产品类型（制造业、农业）的划分，这意味着，适合市场策略的自然资源导向型的产品更具吸引力。

他们的探讨得到实证研究的支持。实证研究表明，2000—2009 年，拉丁美洲以自然资源为基础的产品出口比例高于以制造业为基础产品的出口。世界经济中的自然资源繁荣为赶超进程创造条件。利用这样一个机会，拉丁美洲国家开始投资知识导向型领域，如人力资本、院校学府和研发部门。尽管总体结果比较满意，但“这些政策措施能否促进拉丁美洲国家朝知识导向型经济转型还有待研究，毕竟所有的这些措施都是初步措施”。（Iizuka and Soete，2011，p.14）相反，莱特和杰拉斯塔就同样的问题提出比较乐观的看法，“实际上，就抽样调查的所有国家而言，与地质勘探相配套的基础设施建设的公益事业证明，国家支持或补贴的勘探活动通常会对省域经济或国家经济带来较大的收益回报”。（Wright and Czelusta，2004，p.35）

回到麦克米伦和罗德里克的分析研究，我们可以总结得出，他们对结构变化的差异的解释归根结底是新兴工业主题的详细说明。发展中国家经济一体化要求制定相应的产业政策，这样的论断是可行的，至少适用于现阶段。当然，随着时间的推移，受保护行业必须能面对世界市场的竞争。阿西莫格鲁等学者认为，为确保始终走在技术前沿，有必要对这些政策进行调整。正如第四章中“赶超和制度”部分提到的，发展中国家必须及时将以投资为基础的经济战略调整为以创新为基础的经济战略。

罗德里克的著作反复提到新兴工业主题。他将转向研究过去发达国家和地区，以及所谓“亚洲四小龙”（韩国、新加坡、中国台湾地区、中国香港地区）腾飞的原因。问题的关键在于，为创建工业桥头堡，必须克服市场缺陷。罗德里克再次列举这些不完整性。（Rodrik，2011b，p.37）

（1）学习外部效应：其他企业或工业的外部效应。

（2）协调外部效应：协调突发的投资需求。

（3）信贷市场缺陷：项目融资问题。

（4）工资溢价：监管和其他成本，提升薪资水平。

罗德里克认为，现代工业的市场失灵相对敏感。因此，“经济增长要求采取补救措施解决‘特殊’行业的问题，而不是一般政策”。（Rodrik，2011b，p.38）

以中国为例，罗德里克似乎是对的。依赖产业政策调控的国家的经济始终保持良好的发展势头。然而，从较小的范围来讲，印度和巴西的崛起更多的是因为制定市场自由化和国有企业民营化的政策。就这些国家的发展而言，罗德里克提出自己的批判立场，“三心二意、混乱自由化的印度并不能作为多边机构要求其他发展中国家参考的范本”。（Rodrik，2011，p.18）然而，麦克米伦和罗德里克认为“混乱自由化”的定义尚不明确，甚至不清楚这些政策是通过怎样的方式促进结构变化的。关于这方面更进一步的认识可以研究发展中国家竞争和创新的案例。

三、增长放缓

赶超的自限性会导致增长速度减慢。限制越多，能从技术领导者学习的就越少。第四章中“复制技术”部分提到，这是一个渐进的过程。大部分的实证文献并不会考虑落后经济体的增长率逐渐下降的原因，博斯沃思和柯林斯在本章“条件趋同”部分的分析也提到这一点，在他们的更新研究中把人均产量增长速度和人均收入关联，并增加其他变量建立这种条件关系。博斯沃思和柯林斯的研究的起始点是抽样国家的横截面资料。因此，研究只分析了 1960 年至 2000 年每个国家的经济增长速度。而罗德里克把这段时期分成几个亚时期进行研究，在他的分析中，因为赶超进程取得进一步进展，后期经济增长速度略微下降。但因为特定国家条件改善，总体而言，经济增长率呈上升趋势。20 世纪 90 年代后，因为经济全球化进程加快，其他新兴国家也是如此。

在最近的研究中，一些经济学家，包括巴里·艾肯格林、朴东炫和申宽浩（Barry Eichengreen，Donghyun Park and Kwanho Shin，2012）指出，走在技术前沿的国家经济增长速度放缓。他们总结这些国家发展的限制如下，“后发经济体的高速增长势头持续时间并不长，最终导致就业不充分的农村劳动力被耗尽。在制造业就业的劳动力达到最高，经济增长严重依赖于更困难的服务部门生产率提高”。（Eichengreen、Park and Shin，2012，p.43）

他们认为，如果某个时期（t）满足以下条件，这段时期可被定义为“增长放缓”时期。

（1）超过连续 7 年时间，实际 GDP 增长率平均高于 3.5%。

（2）接下来 7 年时间，实际 GDP 增长率平均下降两个百分点。

（3）2005 年人均国内生产总值（以不变价格计算）超过 10 000

美元。

最后一个条件不适用于尚未完成赶超进程的国家，见第四章中“复制技术”部分查特吉，范・斯海克和德・格鲁特提供的数据统计。艾肯格林等人以抽样国家调查和 1957 年至 2007 年的数据为基础估计经济放缓的可能性。应用的方法是概率单位回归，因变量是二元的，通过这样一种方式判定经济增长是否放缓。经济增长速度放缓取决于人均国内生产总值。2005 年人均国内生产总值达到最高，为 15 389 美元。除人均国内生产总值外，回归分析也计算了该变量的平方值。因此，概率分布可能为反抛物线，如图 7.4 所示。横轴是抽样调查中人均收入增长速度放缓的国家。在反抛物线最顶点，人均国内生产总值等于 15 389 美元，2005 年的平均观察值（图 7.4 的条形图）是 16 740 美元。

人均国内生产总值的某个特定值并不适用于作为解释变量，另外，根据一个国家人均国内生产总值和技术领先国家人均国内生产总值的比值，据艾肯格林等学者估计：“如果某国人均收入占领先国家的 58%，就有可能出现经济速度增长放缓。”（Eichengreen et al., 2012，p.66）这样的结果似乎意味着要赶超技术领先国家很难，但也不是不可能。在第六章我们提到，如果以劳动生产率作为相关标准，大部分西欧国家的确曾成功赶超其他国家。艾肯格林等学者的研究使用单位人力生产量作为技术知识量度，这不是最适合的指标。欧洲经济体在 20 世纪 70 年代后半叶经济增长的确放缓了。然而，人均国内生产总值增长放缓最主要的原因是劳动力参与率降低。因为缺乏相关数据，劳动力参与率这个指标对其他国家是否适用有待研究。

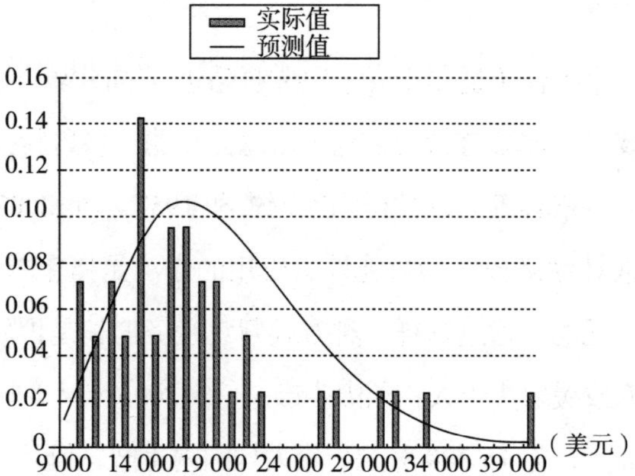

图 7.4　经济放缓的频数分布（不包括原油出口国）

资料来源：Eichengreen et al.，2012。

艾肯格林等学者调查了其他变量对经济放缓可能分布的影响。对于调查数量有限的国家，所收集的数据主要关于就业总量中制造业比重，调查显示，就业总量中制造业就业比重峰值达 23%。此外，研究显示，对货物贸易越开放的国家，其经历经济放缓的可能性越小。除作为构造指标的低估实际汇率外，政策变量对经济放缓没有多大影响。从统计学角度来看，艾肯格林等学者总结得出，严重估值偏低的国家更容易受到增长放缓的影响。不同的学者对此提出不同的解释，但因为缺乏理论框架支持，这些解释还有待研究。

艾肯格林等人的分析多多少少受到印度、巴西，最重要的是中国惊人的急剧增长启发。这些文章的标题不包括“对中国的影响”的解释，新兴经济体的发展的地缘政治后果非常重要。我们将在第八章继续讨论这个问题。基于这样的背景，艾肯格林和他的共著者强调中国经济可能放缓是可以理解的。《经济学人》编辑部在深入探讨艾肯格林等人的研究贡献时或许慎重考虑这点，问题在于中国有没有可能突然增长放缓。

根据现阶段所掌握的数据，中国经济突然增长放缓似乎不大可能。2007 年，中国人均国内生产总值是美国的 19.8%，如果百分比达到 58%，放缓概率将达到最大值。假设中国人均国内生产总值将以每年 9.3% 的速度增长，而美国以每年 1.9% 的速度增长，中国经济突然增长放缓也不是不可能。2015 年，中国人均国内生产总值也只是美国的 14%。据估计，只有到 2023 年，中国和美国人均国内生产总值比率才有可能达到 58%。以这些结果为基础，我们可以认为，中国经济放缓也是不久的将来的事情。2002 年之后，没有制造业就业占就业总数比重相关的数据，艾肯格林等人假设这种比率将逐年上升一个百分点。“如果假设没错，制造业就业占就业总数比重接近 23% 的时候，经济增长就有可能放缓。”（Eichengreen et al.，2012，p.80）回归方程结果显示，自变量（人均收入、增长预放缓率、贸易开放度和支出结构）统计结果显著，艾肯格林等人预计中国经济增长速度下降的可能性加大到 73%。

而霍尔兹（Holz，2008）的研究发现恰恰相反，他将中国内地的经济结构和日本、韩国和中国台湾地区的经济结构对比，这些国家和地区到目前为止的赶超进程都超过了中国内地，中国内地现阶段的发展如同这些国家和地区 30 年前的发展。1978—2005 年，中国农业就业占就业总数的比重从 70% 下降至 45%，每年降低一个百分点。以这样的速度，“中国农业劳动力份额实现占日本、韩国和中国台湾地区农业劳动力份额的10%还需要35年的时间。”（Holz，2008，p.1669）其他指标的统计结果也得到同样的结论，他最终总结，“中国还有30年的持续增长时间”。（Holz，2008，p.1683）[①]

艾肯格林等学者和霍尔兹研究结论的差别集中于中国经济未来的不确定性。因为收入分配不公引发的一些风险，如金融不稳定性或社会不稳定性也是他们的观点有分歧的地方，所有的这些不确定性代表任何风险可能，世界大型企业联合会针对这些不同的风险也提出相应的措施。表7.3是一些国家和地区的相关数据。

表7.3　2000年至2020年的国内生产总值增长（年度百分比）

国家/地区	2000年至2010年历史数据	2010年至2020年	
		基本数据	悲观数据
美国	1.7	2.3	1.3
欧盟15国	1.2	1.5	0.6
中国	11.4	8.5	5.0
印度	7.6	8.7	5.0
拉丁美洲	3.2	3.9	2.8

资料来源：Conference Board，2011。

首先，左边一列是2000年至2010年这些国家的实际增长率，中间一列是世界大型企业联合会根据基础情景提出的预估数据，

① 当前数据的解释尚不明确。在该书的此章节的两个图中，中国内地、日本、韩国和中国台湾地区年增长率和人均国内生产总值和美国人均国内生产总值比例相关，横轴的变量呈现高得不可能的数值。

值得注意的是，这些预测表明对比过去，除中国外，所列举国家的经济增长都在加快。尽管增长相对放缓，中国产量占全球产量的比例从 2010 年的 16% 上升至 2020 年的 24%。印度对世界经济的影响明显落后。除此之外，世界经济的增长有赖于新兴经济体，尤其是中国和印度。说明这些数据时，世界大型企业联合会指出，“因为无法控制的通货膨胀、资产泡沫或未能适应资本流动的大波动，这些国家情况将越来越悲观，可能导致全球增长从 2010 年至 2020 年下降 2 个百分点”。表 7.3 右边一列是这些选择的国家和地区的悲观数据。

越来越多的大众媒体把重点放在中国国内生产总值将在某年超过美国国内生产总值。至于具体是哪一年，由购买力平价（PPP）指标计算中国国内生产总值决定。因为不是所有商品都适于贸易，基于实际汇率的国内生产总值的跨国对比往往是失真的。在中国，劳动密集型服务成本远远低于美国，利用购买力平价指标计算中国国内生产总值可以考虑所有这些因素。在此文献中，应使用不同的计算方法确定购买力平价比率。根据这些计算结果，在基本数据这一列，中国人均国内生产总值和美国人均国内生产总值的比率将从 2010 年的 21% 上升至 2020 年的 40%。这些数据以佩恩表为基础，偏离艾肯格林等人的调查结果。在这些表格中，替代购买力平价指标适用，但长期而言，这些图表还是适用的。如果中国成功保持当前高度经济增长，中国的福利水平将在 21 世纪中期和美国齐平。

四、评价

全球化意味着越来越多国家参与世界市场，据估计，落后国家或第三世界国家福利水平将向发达国家靠拢，但这个假设尚未得到20世纪的事实数据证实。相反，落后国家或第三世界国家福利水平与发达国家的差距越来越大。对这样相反发展的相关解释研究使得经济科学家相当困惑。基于这样的背景，德隆提出，“我必须承认我并不知道这样发展的原因，而且要找到原因也相当困难”。（DeLong，2001，p.1）

为取得这个复杂问题相关的知识，不同的研究学者选择不同的方法，道瑞克和德隆选择描述性方法，这个方法的核心是“俱乐部趋同或经济一体化”概念。一方面，把抽样调查国家人均国内生产总值和世界技术领先国家人均国内生产总值的比作为工业发展指标。另一方面，明确划分亚时期，建立“俱乐部趋同或经济一体化”。全球化导致经济一体化逐步扩大，但1950—2000年，因为政治原因，一些国家并不能参与经济一体化进程。道瑞克和德隆认为，经济将消除不同国家之间的贸易壁垒。落后工业化世界发展的国家是因为它们不能摆脱贫困陷阱，“落后国家依旧落后，所以它们只能从海外购买投资商品，要完成技术转型的成本很高，而且寻找支持大众教育的资源稀缺”。（Dowrick and DeLong，2003，p.218）

对这些问题的统计分析旨在说明实现经济一体化需要克服的障碍，其中心思想是经济一体化是有条件的。国家的经济增长不仅仅由初始情况的人均国内生产总值相关条件决定，也受到其他很多变量的影响。学者针对这些条件做了大量统计研究。博斯沃思和柯林斯利用了相对长时间应用于不同国家的实证框架评估、研究结果，他们研究的样本包含 84 个国家，因变量是 1960 年至 2000 年人均产量平均增长率。他们从狭义角度和政策指标区分这些条件变量，这些条件变量被视为内生变量。条件变量适用于初始情况，这些变量包括健康、人口规模、地理划分和制度质量，连同初始情况的人均收入，构成这些变量和统计学角度的产量增长相关关系。政策指标，如通货膨胀的变化、经济的开放程度和预算平衡，对经济增长速度影响不大，甚至没有影响。这些发现意味着经济增长最终由短期内不能实质变革的变量决定。因此，经济一体化严重依赖于这些国家的特定条件，这一点也得到罗德里克的证明。他研究了 1970 年至 2008 年混合截面时间序列样本，这种方法提供了引入固定国家效应的可能性。尽管缺乏人均国内生产总值相关的无条件趋同，但国家模仿足以刺激条件趋同。

描述性方法和统计学方法结合最终得到明确的结果。西方国家福利水平经济一体化的可能性很大程度上取决于国家特定情况，然而，这些所有讨论都不能得到一致结果，或达成共识。在其中一项研究中，麦克米伦和罗德里克跳出了这个僵局，分析了 9 个不同水平国家 38 个部门的一体化进程，讨论 1990 年至 2005 年这些国家的经济增长。在此期间，除了一些国家例外，大部分的发展中国家越来越融入世界经济一体化，这一点可以通过一些国家惊人的增长率体现，尤其是中国和印度。

从国家的内部因素和结构变化因素分析国家生产率增长是麦克米伦和罗德里克结构主义方法的特性。首先，内部因素等于单独部门生产率增长的加权总和，加权值是突出部门就业比重占就业总数的份额。其次，结构变化元素指的是生产力水平的内积（时间结束）和跨部门就业比例变化，表现不同部门之间劳动力重新分配的影响。如果劳动力从低生产力部门向高生产力部门流动，总劳动生产率上升。反之，则总劳动生产率下降。如果是后者，结构变化可以视为负增长结构变化。

在经济全球化的背景下，新兴国家受影响的部门生产力持续提高。如果能提高这些趋同部门或一体化部门在就业总量的比重，总劳动生产率也会显著上升。相反，如果活跃部门的劳动力节省伴随着劳动力流失，则发展中国家将不可避免地陷入负增长结构变化，导致生产率增长速度普遍降低。在这些国家中，因为受部门劳动力短缺的影响，受保护行业的生产力大幅下降。因此，生产要素没有得到有效配置，这种情况被划分为所谓的二元经济。

实证研究清楚表明，亚洲、拉丁美洲和非洲之间存在明显差异。亚洲结构变化元素是正增长，而拉丁美洲、非洲出现负增长结构变化。之所以会有这样的差异，主要包括三个潜在原因。第一，非洲和拉丁美洲拥有大量有利可图的自然资源可供开采，但这些活跃部门的就业率并不高。因为自然资源的开采同样以知识投资及研发为基础，对经济的其他部门有很大的外部效应，莱特、杰拉斯塔和饭冢、泽特对这一点持争议看法。资源富集国家因此可达到高增长率，但资源诅咒仍然是一个谜题。第二，因为国际市场的竞争，非洲和拉丁美洲的制造业被迫提高效率，解雇低生产率工人。相反，亚洲式的全球化以双轨改革为基础，各式各样的进口竞争活动获得政府的支持，而新出口导向型活动发展迅速。第三，我们不能忽视实际汇率的重要性。拉丁美洲和非洲国家面临估值过高的货币政策，而亚洲国家通过有针对性的实际汇率支持其工业发展。

中国、印度和巴西这些国家的一体化使得西方国家备受困惑。我们经常提到，就国内生产总值的绝对规模而言，中国经济将在不久的将来超过美国。然而，这个发展并不意味着中国人均国内生产总值将超过美国。与此同时，很多事情都在发生改变。后者的观察是艾肯格林、朴东炫和申宽浩的研究中心，他们估计，通过大规模的国家抽样调查，猜测人均收入将最有可能增长放缓。此外，其他因素如增长的预放缓率、贸易开放度和支出构成也有可能影响经济增长。基于所得结果，他们预计中国经济增长速度减缓的可能性加大。对于这一点，其他学者比较乐观，霍尔兹认为中国在赶超日本、韩国和中国台湾地区的经济发展之前还有很长的一段时间。世界大型企业联合会预测，2010 年至 2020 年，中国经济仍将保持强劲的增长势头，中国还有很长的路要走。正如上面提到的，第八章将讨论地缘政治后果。

第八章　陷入困境的民主

一、政治三难困境

曾经有人向约瑟夫·熊彼特提出了一个很基本的问题："资本主义还能继续吗？"他的回答是："不会，我不觉得资本主义还能继续。"（Schumpeter，1942，p.61）就我们目前所知，我们还不能证明这个答案的准确性。当然，也有可能其他人提出完全不同的问题："民主主义还能继续吗？"这个问题涉及完全不同的领域。全球化和民主主义的关系岌岌可危，正如熊彼特提到的，这不再仅仅是资本主义制度的内部动力。市场全球化意味着各国政府更少干预经济。当然，这并不意味着不需要对市场进程进行控制。全球经济控制要求根据具体情况建立政治制度。然而，此类制度也要满足这些国家的要求。

这些观察和丹尼·罗德里克的全球化进程评估观点不谋而合。但是，熊彼特和罗德里克的意见因为方法论的不同存在较大的分歧。熊彼特强调的"不会"的答案实际上并不重要，重要的是对历史发展的分析。观测模式趋势的主要问题显示，"截止到观察的时间间隔之前，没有其他因素介入，资本主义将会怎么样继续发展？”（Schumpeter，1942，p.61）罗德里克的意图和他最开始的对国际资本主义最吸引人的变化研究有很大的不同。他采用的是惯用的方法，所以并非是经济学的不寻常方法。然而，和他的很多同事不同，罗德里克不辞劳苦做出价值判断。至少，他的解释是明确的。在这之前，他对比了过去和现在的国际经济关系。

第二次世界大战之后，布雷顿森林体系维持国际货币信用关系超过 20 年。[①] 因此，有学者对固定汇率支付和国际货币基金组织能否临时支持国家经济发展存在争议。如果特定国家根本性失衡，可以通过调整汇率的方式恢复平衡。这样安排很重要的前提是国家需要限制国际金融交易。为提供足够的国家货币和财政“政策空间”，这些资本控制非常重要。

关税及贸易总协定规范国际商品贸易。和国际货币基金组织及世界银行不同，关税及贸易总协定不是正式的组织，只是日内瓦的多边论坛秘书处。成员方签署此协议同意大大降低进口关税，制定最优惠政策，所有缔约方将从降低的进口关税中获益（“主要供应商”）。尽管贸易自由化获得巨大成功，也有一些例外情况。农业和服务业很大程度上被拒在“贸易自由化”的大门外。此外，制定反倾销规范防止参与方受到倾销影响。总体而言，关税及贸易总协定受到大部分成员的欢迎，被频繁使用。罗德里克认为，这并没有理由让关税及贸易总协定表现不佳，“尽管关税及贸易

① 布雷顿森林指的是位于美国新罕布什尔州的一个地方，1944 年，在此地召开世界经济组织的国际会议。

总协定体系是因为它和自由贸易有很大差距，我们不能从不合适的角度评判它”。（Rodrik，2011a，p.74）关税及贸易总协定可以确保成员方避开国际贸易的不利因素，包括不良外部效应（如国民医疗服务制度）或收入分配的不公。

罗德里克认为，布雷顿森林体系下的金融交易特性如下：“就贸易制度而言，国际金融制度以国内经济需求为基础，同时满足全球经济发展的要求。”（Rodrik，2011a，p.98）不过这理所当然使国际交易成本升高。布雷顿森林体系传达的主要信息是国家利益不能总是次于全球资源有效分配的“伟大”目标。为了更加了解它，有必要回溯一些关于布雷顿森林体系特点的经济学研究。比如说，约翰·鲁杰认为布雷顿森林体系是“深嵌自由主义的妥协”，在“国家干涉主义的基础上建立多边主义”。（John Ruggie，1982，p.393）罗伯特·斯德尔斯基认为布雷顿森林体系是“自由或社会民主主义政治经济的国际术语”。（Robert Skidelsky，2009，p.171）

布雷顿森林体系的固定汇率和把美元作为世界储备货币（美元汇兑本位制）的机制并不适合美国在越南战争时期的通货膨胀融资。1971 年，美元过剩，这迫使美元汇兑本位制转换为黄金汇兑本位制。美元货币贬值成为必然。1973 年，可调整的浮动汇率制崩溃，取而代之的是弹性汇率制。受 20 世纪 70 年代滞胀刺激，自由化和资本流动性提上日程。通货膨胀和失业“迫使凯恩斯把重点从需求管理转向经济供应”。（Rodrik，2011a，p.101）受 20 世纪 80 年代自由化浪潮影响，市场力量自信增加，刺激自由商品贸易和劳动力流动。世界经济朝着罗德里克所谓的“深度集成”方向发展。斯德尔斯基（Skidelsky，2009）从历史角度分析这种发展。小阿瑟·施莱辛格的政治经济循环市场参见第二章的讨论，斯德尔斯基把这种从规范化市场向自由市场经济的过渡称为对炫耀实力（惯于攻击或指责别国政策）的反映，所有的事情自上而下发展。值得注意的是，小阿瑟·施莱辛格和斯德尔斯基并没有将这种发展和技术革命或技术革命后力量平衡转变结合。

“深度集成或高度全球化”可以通过在1995年正式运作的世界贸易组织和国际资本流动自由化实现。在世界贸易组织的框架指导下，参与方必须严格遵守规则，“各国国内也开始受到贸易纠纷影响。税务制度、食品安全规范、环境条例和产业促进政策接受贸易伙伴的挑战”。（Rodrik，2011a，p.79）国家贸易相关的争议将提交日内瓦上诉机构解决。大多数情况下，上诉机构的判决受到世界贸易组织框架约束，这就意味着“深度集成”盛行，缓和贸易政策和国内规则之间的紧张关系。自由贸易保持在第一位，全球规范将取代国内规则。

自20世纪80年代末，国际货币基金组织大力支持资本市场的开放。美国和英国，连同它们强大的金融中心，从自由化的资本活动及银行部门放松管制中受益。大多数的经济学家认为，尽管资本流动可能导致更大的金融不稳定性，但其能促进经济有效性，应通过资本管制完善资本自由流动。资本自由流动的观点越来越受到欢迎，并制定成为国际组织与机构的法规，如国际货币基金组织，以及OECD，这个由拥有在国际事实层面上的政治权力的世界最发达国家组成的俱乐部。

我们一直强调，权力在经济制度设计方面发挥重要作用。罗德里克基本上同意这一点。而国际货币基金组织前首席经济学家西蒙·约翰逊针对过去发展提出批判性的结论。罗德里克总结他的观点为：“银行可能没有枪和军队，但它们有其他能达到相同效果的方式：政府赞助，华尔街和华盛顿之间的旋转门，以及促进利益发展的信念体系。”（Rodrik，2011a，p.130）就罗德里克而言，这些观点可能是对的，但国际货币基金组织的普遍意见得到了最优秀经济学家的支持。因此，经济学家对自由化战略的制定产生很重要的影响。如果思想统治世界，罗德里克肯定坚持他的观点。但就人们看来，金钱和财富更重要。经济学家似乎高估了他们规章制度的影响。如果资本标记信念体系，我们就很难保留自己的独立立场。罗德里克本人等独立思想家的声音，在放松管制政策的旋涡中被忽视。

根据历史发展，罗德里克研究适用于缓解国家民主和全球市场之间紧张的方案。为了更加明智地做出选择，他提出世界经济的政治三难困境。图 8.1 以示意图的方式说明这些方案。如古老的箴言说的“选择两个，任意两个”。

高度自由化和国家层面的高度民主化并不兼容，这就意味着高度自由化要么以民主化为代价，要么形成新的全球化民主方式。如果是第一种情况，托马斯·弗里德曼（Thomas Friedman, 2000）提出的“金紧身衣”适用。在这样的体系指引下，国家需要满足以下条件：自由贸易、自由资本市场、自由企业和小型政府。博弈的规则由全球经济要求决定。这样的结果表明，“你可以有

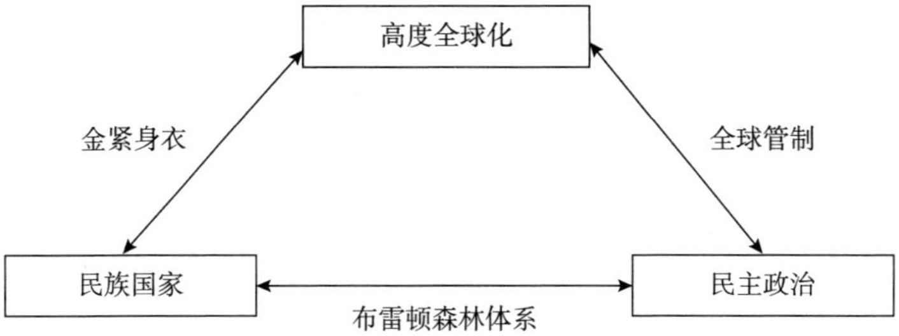

图 8.1 世界经济的政治三难困境

资料来源：改编自 Rodrik，2011a。

自己全球化的国家状态，但你就陷入民主两难困境”。（Rodrik，2011a，p.202）如果是第二种情况，为确保全球管制，我们必须放弃民族国家。当然，这点或多或少被夸大了。民族国家将继续存在，但必须放弃国家主权的重要部分。问题是，我们能不能从国家层面创建问责制和合法性的体制，确保完整的民主主义。欧洲的统一化进程证明这条路并不好走，关于这一点我们将在下一部分讨论。

最终结论认为，我们应该拒绝高度全球化，保留国家层面的民主主义。然而，我们也要寻求新型的国际合作。如果坚持确保国家主权完整，秩序将会被打乱。“我们没有选择，只能放弃全球化‘薄弱’的一面——彻底改造布雷顿森林体系。”（Rodrik，2011a，p.205）

罗德里克认为全球化“薄弱”的一面是所谓的“健全全球化”。我们上面已经提到了，他基于规范研究诚实做出价值判断，制定新全球化原则。这个原则的标题是“设计资本主义 3.0”，值得注意的是，在他看来，资本主义的先前版本以最小化的政府干预（资本主义 1.0）和最初的布雷顿森林体系（资本主义 2.0）为基础。资本主义 3.0 包括以下 7 条原则。

（1）市场必须扎根于国家制度。

（2）组织民族国家的民主治理和政治共同体制度，并将适用于不久的将来。

（3）没有“单方面”繁荣的方式。

（4）国家有权保护社会安排、规范和制度。

（5）国家无权将本国机构强加于其他国家。

（6）国际经济约定必须制定国家机构管理层面的规范。

（7）非民主国家不得享有国际经济法令规定的同样的权利和特权。

以上面的原则为基础，罗德里克表达了自己对国际贸易、全球金融、劳动力迁移的看法。劳动力迁移的话题要求特定方法研究。就罗德里克对全球化的反思而言，他认为全球化是不好处理的。

就国际贸易而言，罗德里克请求全面修订世界贸易组织保障措施协定。在它们初期定型的时候，这些协定主要保护不公平竞争。我们在前面已经提到过了，由独立委员会判定这些协定的合法性。罗德里克认为，制定保障协定的原因有很多，“分配不公平、国内规范和社会安排冲突、防止国内规则削弱或这些立法的优先发展顺序”。（Rodrik，2011a，p.253）世界贸易组织保障措施协定按照程序法问题评估这些问题，对这些问题的内容做出判断，但仅仅审计了民主决策条件实现的可能性。有没有考虑相关方呢？

是不是已经应用了该领域的所有科学知识呢？国内政治是否足以支持这些保障措施的实施呢？此外，罗德里克可能希望放弃现行有效的最优惠国待遇（关税适用于所有参与国），以及保障协定对国家的补偿机制。

从广义上讲，“保障”确保发展中国家可以暂时保护它们的行业，从学习曲线中获益（新兴工业），限制低进口关税的发达国家从进一步降低关税的所得收益，但这些收益并不能平衡在环境保护、社会规范或收入分配等方面的困境。国内民主不得不确定事实是不是如此。

罗德里克也提出进一步规划全球金融，方案选择有很多，“讨论中的措施包括资本充足率标准、杠杆限制、高管薪酬限制、促进银行关闭条例、更广泛的披露要求、更严格的管制监督程序、限制银行规模等”。（Rodrik，2011a，p.260）如果国家选择不同的方案，将有可能引起监管套利的风险，导致金融世界逐底竞争。为确保这样的事情不会发生，采取的措施应限制所谓的金融安全避风港管辖。此外，罗德里克倡导在金融交易上实施较低的全球税，这个税的主要目的不是缓解金融不稳定性，而是向预防气候变化和治疗流行病提供资金援助。

总而言之，资本主义 3.0 提出的所有方案都太理想化，相当不切实际，这些方案应该考虑全球化进程。但不管怎样，这都将是艰苦的历程，也必定有一番政治权力斗争，资源投资并不局限于国家边界。罗德里克希望时光倒流，但世界有自己的发展节奏。因此，民主进程承受越来越大的全球压力，作为重要参考的国际经济合作，欧洲一体化越来越受到关注，这一点将在下一节讨论。

二、欧洲一体化

为了能在21世纪的全球经济有一番作为，欧洲国家需要一体化。成立欧盟只是欧洲一体化的第一步，商品、资本和劳动力的自由流通要求制定新的规则。这并不意味着要把弗里德曼提出的金紧身衣当作全球化指令。查尔斯·萨贝尔和乔纳森·蔡特林（Charles Sabel and Jonathan Zeitlin，2007）认为欧洲一体化是“实验主义者治理的新架构”的创新。从这一点来看，全面就业、社会包容和统一电网等目标应通过欧盟成员国的集体行动来完成。

基于这样的大背景，辅助性原则扮演着重要的角色，实施现行有效的规则时，较低水平的决策单元确保自治权的公平分配。相反，这些单元必须向较高的层级结构报告，并参与同行评审，和同级水平的其他单元对比。必要情况下，定期全面审核和修订这些框架、目标、标准和程序。审议和多层决策更能准确定义欧盟框架。通过这样的一种方式，保留欧洲一体化的福利国家。问题在于，这种技术官僚治国论的治理体系的发展会不会把民主搁在一边，置之不理。为防止这种情况发生，决策应该确保足够的透明度和责任制，但萨贝尔和蔡特林认为，“新的架构并不会自动形成民主结果，也就是说，新的决策形式促进民主问责制新形式的形成，但不会以任何传统方式促进代议民主”。（Sabel and

Zeitlin，2007，p.10）

对比 2010 年欧元区边缘国家因为欧洲货币联盟面临的主权债务危机，这样的欧洲国家之间的决策微调显得相形见绌。债务危机同时也是一种“摧毁布雷顿森林体系的国际收支不平衡”。（Hans-Werner Sinn and Timo Wollmershaeuser，2011，Abstract）2012 年面临的严峻问题是如何挽救欧洲货币联盟及其货币——欧元。我们面临的第一个问题是：有没有可能事情从某种程度上发生错误呢？答案是欧洲货币联盟把两个民众群体非常不一样的国家类型结合在一起。北欧国家，以德国为代表，制定限制劳动力成本和政府开支的宏观经济政策。南欧国家或多或少和这些加尔文主义教条相反，采取自由放任政策，怀有天主教的信仰相信市场能确保经济始终在正常轨道上发展。在第六章提到过作为混合市场经济的代表——南欧国家，如意大利、葡萄牙和西班牙，这些国家由于在劳动力市场的战略协调方面的重要性弱于协调型市场经济，如德国、荷兰、芬兰和丹麦。在欧洲货币联盟爆发债务危机的国家被称为欧洲五国（希腊、爱尔兰、意大利、葡萄牙和西班牙），之所以把这些国家归结为同一类，不仅仅是因为它们在欧洲货币联盟的经济地位，也因为它们的文化传统。

经济专家警告欧洲货币联盟应仅限于欧洲核心国家［德国、法国、比荷卢经济联盟（比利时、荷兰、卢森堡）和丹麦］，但政治家允许处于边缘的欧洲五国也参与在内。此外，意大利和希腊因为伪造账目或创造性会计满足政府债务和公共预算赤字的条件。除此之外，因为欧盟决策须获得全体成员国的一致同意，影响决策的国家拒绝参与联盟。

自引入欧元以来，欧洲五国国际收支经常账户赤字明显，如图 8.2 所示。相反，像德国这样的核心国家的经常账户实现盈余。在欧洲五国加入欧洲货币联盟之前，超支、没有竞争力的薪资与价格水平可以通过成员国货币贬值解决，贬值可以通过提高利率和促进高水平通胀实现，但这也意味着无形的连续债务重组。在欧洲五国加入欧洲货币联盟之后，通过货币贬值平衡超支的方法不再适用，往来账户赤字导致的通货膨胀持续发生。在 2008 年金融危机爆发之前，这些赤字由私人资本净流入填补，这是正常市场解决方案。

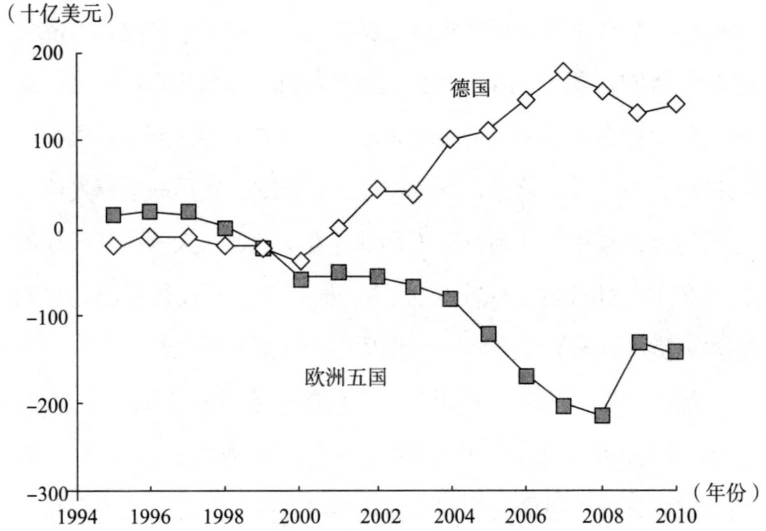

图 8.2　年度经常账户余额

资料来源：Sinn and Wollmershaeuser，2011。

但随着流动资金干涸，赤字只能通过欧洲五国打印钞票填补，这意味着赤字在很大程度上由欧元系统的“泛欧实时全额自动清算系统”信贷资助。辛恩认为“泛欧实时全额自动清算系统”信贷是“欧洲央行再贷款信用的重新分配，核心是德国，然后向外围扩散，资助这些国家货币基础，确保内部循环”。（Sinn，2011，p.3）这个机制的更多细节见辛恩和沃玛斯豪伊赛（Sinn and Wollmershaeuser，2011）的研究。随着欧洲央行资金耗尽，隐藏的救援机制必须由开放救援机制支撑，开放救援机制指的是欧洲金融稳定基金和国际货币基金组织。此外，欧洲央行购买政府债券，扩大救援工作范围。

欧洲央行确定欧洲货币联盟的货币政策，但宏观经济均衡取决于储蓄和投资决策。就这一点来看，政府预算赤字对拉动经济支出尤为重要。为确保国家政府始终受欧洲货币联盟控制，欧盟成员国签订《稳定与增长协定》，确定将国内生产总值的3%作为预算赤字上限。在这种情况下，这样的赤字足以启动萧条期间的经济恢复机制。不管怎样，《稳定与增长协定》在2003年面临严峻压力，核心国家法国和德国打破常规，限制成员国间受政治影响的交易。《稳定与增长协定》的失败是欧元危机爆发的主要原因。巴里・艾肯格林总结道，“从欧盟《稳定与增长协定》的失败的表面证据看来，欧元边缘国家最终陷入全面爆发的主权债务危机”。（Eichengreen，2011，p.17）

也有可能认为《稳定与增长协定》是边缘国家陷入主权债务危机的罪魁祸首。但综合分析，《稳定与增长协定》仅仅是个导火索。首先，这些国家之前存在明显差异，希腊和葡萄牙的债务主要是由于政府的宽松行为导致，爱尔兰和西班牙的债务很大程度上源于私营部门。后两个国家的额外支出尤其是用于其国内银行在住宅和商用房地产项目投资，它们需要从欧元区核心国家银行借贷。“但这种差异是不相干的。”辛恩争论，“不管怎样，政府或私营部门都终将导致通货膨胀恶化。”（Sinn，2011，p.3）其次，辛恩认为，通货膨胀过程是因为边缘国家缺乏国际竞争压力，消费高涨带动薪资水平和价格普遍高于核心国家，最终导致欧洲货币联盟的问题通过国际收支危机体现。尽管意大利在 2008 年、2009 年和 2010 年出现收支往来账户赤字，国家还是能够通过私人资本进口填补赤字。为说明核心国家和边缘国家的分化发展，表 8.1 显示了相关国家 2000 年至 2010 年，单位产量薪资成本百分比提高以及政府预算平衡（和 2000 年的国内生产总值对比）的变化。这两种变化均偏离德国发展。

表 8.1　偏离德国的单位产量薪资成本和政府预算平衡

项目	希腊	西班牙	意大利	法国	比利时	荷兰
单位产量薪资成本（%）	73	21	31	7	8	3
政府预算平衡（%）	–6.2	–5.0	–0.4	–2.9	–2.1	–2.7

资料来源：改编自 Peter de Ridder，2011。

欧洲货币联盟的救援计划陷入困境在所难免。问题在于救援操作过于慷慨，影响欧元区的稳定。在欧洲货币联盟的保护下，大规模印制钞票填补所有赤字严重影响欧元区的信贷可靠性，毕竟经常项目失衡始终存在。辛恩认为中间肯定有某些环节出错，“所谓的救援项目实际上是燃烧弹，使危机愈演愈烈，并将影响整个欧元区的公共预算”。（Sinn，2011，p.5）而政治家认为，实施政治债务限制和普遍欧盟控制，制定规范约束债务国，这样市场才能恢复其自由分配功能。为实现这一目标，援助还是很有必要的。辛恩提出，“恢复欧元区的‘十诫’，陷入危机的国家本身可以确定控制实际贬值过程的可能性，如果实在负担不过来，可以选择退出欧元区”。（Sinn，2011，p.7）下面是所谓的“十诫”。

（1）欧洲稳定基金和欧洲央行不得进一步购买政府债券。

（2）根据转移准则，偿还“泛欧实时全额自动清算系统”信贷。

（3）欧洲央行的新投票权按欧洲央行的资本股权加权计算。

（4）一致同意欧洲央行的信贷政策。

（5）通过欧洲稳定基金实现两年资金流动。

（6）通过到期债券自动估值折扣应对可能发生的无力偿还问题。

（7）如果全面破产，退出欧元区。

（8）巴赛尔协议Ⅳ：政府债券更高风险。

（9）银行更高的股本比率。

（10）银行资本重整，大部分的国有化银行并不能满足这些要求。

值得注意的是，这些戒条并没有限制政府预算赤字。市场力量计划通过政府规范开支。如果高额利率不能防止破产，唯一的出路只能退出欧洲货币联盟。然而，这样的一个退出选择会对其他欧洲货币联盟成员国造成很大的影响，人们还是倾向债务国能在其预算规范方面，放弃国家主权。很多经济研究都曾经提到，如果没有承诺约束，国际合作是有问题的，只是把非合作博弈变成合作博弈而已。马修·坎佐尼里和戴尔·亨德森（Matthew Canzoneri and Dale Henderson，1991）分析相互依赖经济体的货币政策的影响，认为“主权政策的政策制定者不能做出任何此类承诺，他们需要对这些承诺负责。一般来说，我们认为非合作博弈向合作博弈的转变在于主权问题的处理”。（Canzoneri and Henderson，1991，p.4）非合作博弈之所以弱于合作博弈的关键在于跨辖区外部效应。没有政治联盟的货币联盟外部效应影响是非常广泛的。辛恩的戒条可能内部化中央银行的外部效应，但不能担保政府措施就一定能确保欧洲商品贸易一体化。如果一体化提上日程，成员国主权不可避免地会受到影响。但这并不意味着我们要放弃民主主义。萨贝尔和蔡特林提出的创新型的治理架构可能会形成商议性民主，而欧洲将成为这种体系的先驱。

三、新兴国家和世界经济

萨贝尔和蔡特林指出欧盟和世界贸易组织之间架构的相似性。这两种组织最主要的目的是统一国家立法，促进国家主权以平衡的方式转移。国家允许维护自身利益，但前提条件是这些利益获得国际监管测试和批准。欧盟和世界贸易组织的成员国并不意味着国家规范将被超国家体系取代。然而，正如萨贝尔和蔡特林明确指出的，“加入这些体系，成员国同意重新制定适用于不同领域的规范，协调本国和其他国家就一般标准的特定指令冲突，留意其他国家的利益”。（Sabel and Zeitlin，2007，p.58）

世界经济的新发展要求国际合作。资本主义仍然是这些发展的驱动力，但国际治理的挑战不容忽视，这一点引起广泛的关注。罗杰斯·霍林斯沃斯（Rogers Hollingsworth，2011）评论理查德·纳尔逊（Richard Nelson，2011）的开创性的文章时指出资本主义的复杂结构。霍林斯沃斯总结纳尔逊的观点得出，资本主义的组织限制其本身参与协调企业和国家合作的问题。霍林斯沃斯认为，这个观点太狭义了，“资本主义经济制度遍布世界多个层面，我们面临如何治理全球体系一部分的资本主义社会的复杂问题”。（Hollingsworth，2011，p.5）因此，当今最大的挑战是制定新理论，重新设计个人代理、国家、大陆板块和全球区域复杂相关的资本主义体系。和罗德里克的观点不同，霍林斯沃斯并没有详细说明这一点，但他清楚知道哪些问题亟待解决。未来最重要的挑战是，基于资源短缺和气候变化的背景，中国和其他新兴国家如何实现经济发展。

最引人注目的新兴国家指的是BRIC（金砖四国），包括巴西、俄罗斯、印度和中国。当然，中国的发展表现尤为突出，尤其是区域面积和人口规模、悠久的历史。世界大型企业联合会预测，截至2020年，中国的产量将占全球产量的24%，印度明显落后，截至2020年，其产量仅占全球的8%。此外，值得注意的是，到2020年，中国的人均国内生产总值可能是美国的40%。毋庸置疑，在不久的将来，中国将在世界舞台发挥重要作用。

在回答这些问题之前，我们需要确定经济增长能否促进新兴国家的政治发展。根据有影响力的现代化理论，人均收入和代议制民主之间存在因果关系。不同的指标构成民主措施。达龙·阿西莫格鲁、西蒙·约翰逊、詹姆斯·罗宾逊和皮埃尔·亚雷德的研究指出，如果引入国家效应，民主措施和人均收入之间的关联将不复存在。这样的结论意味着民主措施和人均收入之间原来的关系是偏好性关系，国家特定历史条件影响该国的人均收入和政治路线。

阿西莫格鲁等学者通过对比美国和哥伦比亚的发展说明这个结论。在哥伦比亚，殖民者以收入和政治权力的压迫与不公平为基础引入种植园体系。在这个体系中，工业化和经济增长空间不大，随后发展机遇不大。而在美国，财产所有权被广泛传播，一开始的权力分配就相对公平，这就为工业化和经济增长创造了非常有利的条件。正如上面所提到的，美国和哥伦比亚之间的差异就是明显的对比。特定重要关头，采用发散政治经济策略的国家开始的发展的确引人注目。然而，因为缺乏固定国家效应，民主制度和人均收入之间的统计关系并不是简单的因果关系，而仅是历史发展的表现。这样的结论是一些发达国家是民主制度国家的一种解释。然而，历史似乎不可能表现所有可能的路径。以高速的经济增长及代议制民主的发展最终是不可行的吗？或者我们对历史的看法是否就是对西方国家及对应安排的而已。

四、评价

因为交易成本升高，世界市场的参与者增多，国际经济关系越来越重要。这样的发展意味着国家之间应该要相互尊重，共同商讨。而这些商讨方案则通过国际组织机构，如世界贸易组织、国际货币基金组织、世界银行和欧盟等实现。问题是，这些超国家组织能否通过民主的方式控制。或者说，“单一民主国家能不能牺牲国家主权，实现国际民主？”如果答案是肯定的，这就意味着全球化进程在侵蚀民主，将民主置于两难困境。为防止这种情况发生，民主主义本身也要全球化，但只有一些评论家真正相信国际层面的议会制政府体制可以实现这种平衡。实践中，这样的方案并不可行，这一点，罗德里克已经在本章“政治三难困境”部分讨论过了。

罗德里克认为，现在只有两种可行方案。要么民族国家接受非民主条款的约束，如“金紧身衣”；要么国家政府将国民的利益放在首位，必要时牺牲全球市场导致的经济利益。罗德里克偏向于后者，他甚至指出，这是综合“理智的全球化”三个变量（政治三难困境）做出的选择。因此，罗德里克选择叙事性的观点做出他的价值判断。

2008 年金融危机的余波导致不同国家间金融失衡。美国和中国处于非常难的境地。美国面临薪资战争和债务危机，而中国估值偏低的货币导致外贸盈余。为实现平衡，中国填补美国的过度消费，但这种情况不能一直持续。欧盟，尤其是欧洲货币联盟，因为缺乏有效的预算规范，成员国过度投资房地产行业，导致严重的预算赤字。欧元区迫使欧洲货币联盟成员国寻找别的解决方案。这个过程债务危机相关的讨论在本章中“欧洲一体化”部分有过讨论。辛恩认为问题的核心在于南欧国家价格水平太高，主权债务危机实际上是收支平衡危机。辛恩提出“十诫”，连同临时措施一起恢复市场纪律、边缘国家的流动性和偿付能力。

然而，如果各成员国不能放弃它们的部分主权，欧洲货币联盟就难以实施。欧洲一体化将对未来世界经济产生重要影响，与此同时，这样的发展可能引入新型民主主义概念。欧盟已经制定了很多超国家规则，并获得成员国的一致同意。基于这样的背景，萨贝尔和蔡特林研究“商议性民主”[①]的特性，在商议性民主指导下，欧盟各国家政府和欧盟委员会以共同协商和竞争阶级为基础，做出决策。它们认为这样的“实验主义者治理的新架构”可能会结合不同的政策领域，如电信、食品安全、卫生保健和竞争策略。

萨贝尔和蔡特林指出，欧盟可能在其他领域是其他情况的国际合作范本，这一点在本章中第三节讨论过。气候控制和资源短缺越来越受到关注，我们有必要遵守自然发展模式。此外，埃文斯研究表明，气候变化加剧食物短缺和水资源短缺等问题。事

① 商议性民主是一种强调讨论和辩论的需要，以帮助确定公共利益的民主形式。

实上，全球层面经济增长加快也离不开新兴国家，也就是所谓金砖四国的发展。因为中国得天独厚的地理面积和人口规模，其将对全球经济未来发展发挥着不容忽视的作用。未来，中国国内生产总值规模可能超过美国。此外，预计中国经济将在不久的将来仍保持快速增长。

一些经济学家称，人均收入和国家的民主水平呈因果关系。然而，阿西莫格鲁、约翰逊、罗宾逊和亚雷德指出这种因果关系并不具体。他们认为，人均收入和民主主义之间的因果关系由历史决定。选择特定发展路径的国家，政治体系和经济的相互关系决定国家发展进程。

结 论

本书从两个方面探索了增长的动力。首先，强调了技术进步作为经济发展主要机制的重要性。可以看出，技术的变革并无规律可循，而这对经济发展规划和政治制度具有重要意义。其次，本书关注了资本主义在不同国家的传播。那么主要问题是，这种传播过程是否会带来资本主义的多元化，因为不同国家都基于特定文化背景而具有不同的发展历史。

现代化的资本主义可以追溯到1750年后发生在英国的工业革命。那么技术变革就不属于这项根本性变革的主要因素。毕竟，在漫长的人类历史上，技术性知识是呈阶梯式渐进增长的，比如利普西等学者（Lipsey et al.，2005）回溯到公元前9000年，发掘出了历史上主要的技术突破（通用目的技术）。对资本主义的出现起决定作用的是市场不再潜藏于社会关系当中。波兰尼将这一非凡特征称为“大转型”。诺斯等学者（North et al.，2009）将这一重大变革表述为从“自然状态”向“路径开放的秩序”，其特征就是经济与政治决策不再由享有军事权力的极权统治者基于特权做出，而是建立在各个组织和团体之间的自由竞争基础之上。

这一自主决策的一项关键前提是经济主体的财产权得以保障。在英国，这些权力被确立为政治改革的结果，并且可以溯源到 1688 年主导议会的经济精英获得了实质性权力的光荣革命。

受到资本持续积累体制的主导，不断增加的商品供应都建立在获取利润的动机上，因而常常伴随着不受欢迎的负面效应，以及有价值社会活动的被挤出效应。这些负面的外部性效应还可能危害食品和交通安全、造成土地与大气污染，以及毁坏自然栖息地等。经济变革在社会排斥、贫穷以及收入和财富的不平等分配等方面可能会引起反抗。自由与冲突之间紧张关系所带来的结果，在波兰尼看来就是资本主义为“双重运动”表征。一方面，有必要通过自由放任主义，来拓展市场机制的范围并刺激创新；另一方面，存在反对市场的反向运动。经济精英会因循自由放任的路径，来保障他们的财产权利。贫穷和被剥夺机会的人们，以及受到竞争性推动的创造性破坏的受害者，会为了消除资本积累造成的危害效应，通过建构规则的方式来争取政治权力。

有些反讽意味的是，历史上随着民主越发进步，民主就会逐步从经济精英的朋友转变为敌人。只要资本主义政治权力不存异议，并且格雷夫所称的强制约束制度能够得以执行，议会制民主对于经济精英来说就非常适宜。然而，在代议制民主背景下，多数选举人的劳动收入都低于平均线，再次依据格雷夫的说法，协议履行机制就会面临很大压力。大多数人可能选择重新分配和规制措施，这就从不同角度危及财产权利。因而，资本主义和民主的联合显得非常脆弱，虽然施莱辛格认为至少在美国“这仍然

归属于紧张关系而非致命的对抗”。(Schlesinger，1986，p.26)

我们可以预设，致力于双重运动的经济精英和选民都希望发现一种形成某种平衡发展路径的妥协方案。问题在于技术变革作为资本扩张的动力来源并不像新古典发展理论预设的那么顺利。技术发展伴随着基础与深远的现代化进程，利普西等学者将其标榜为通用目的技术。通用目的技术的导入可被表述为逻辑曲线的转喻方式，而通用目的技术的诞生可表征为一种“大爆炸”，在此之后新生产过程、新产品和新的结构性设施逐步扩散开来。不久之后，经济的增长就获得支撑，甚至可能会导致经济活跃部门的过度投资。如果事态有所好转，经济增长可能会在现有通用目的技术达到高点，并且引入一项新的通用目的技术的前提也足够成熟的时候达到平衡。

资本主义体系还面临另一种不稳定来源。就像明斯基所阐明的那样，该体系可能导致金融不稳定。财政部门自身也会产生有利可图的创新模式，引诱当事者甘冒不负职责的风险。这可能是导致资产市场或者不动产市场的泡沫，并在适宜的时机破裂。金融不稳定会带来管制与放松管制的动态性，而这也是资本主义体制的典型特征。

佩蕾丝通过将其放置在长波理论背景下的方式，整合了有关资本主义运作的不同观点。长波或者康德拉季耶夫周期的存在从统计学视角来看，仍然存在很大争议，而由于对大约 50 年经济周期的一系列观察的制约性，这也是可以理解的。尽管如此，长波理论对于揭示历史可能会有所助益，如果研究过程保持足够的灵活性和严谨性。

技术革命是佩蕾丝理论中的关键概念。在她看来，技术革命概念不仅与通用目的技术的引入相关，而且伴随着引发实体经济中紧张关系的一系列不平等，其意义更加广泛。在技术革命的技术推广阶段，这些紧张关系必须得以消解，制度体系也必须适应许多不同需求从而为新的发展提供空间。作为规则其又相当于经济自由化与管制的撤销。许多人可能都记得的案例是 20 世纪 80 年代美国的里根总统和英国的撒切尔首相推行市场化进程的政策。按照波兰尼的理论，这显然构成了双重运动的最初阶段。

按照佩蕾丝的观点，紧跟时间大约是 25 年的技术推广阶段之后的，是时间大约一样长的技术运用阶段，技术革命在此之后结束了。技术运用阶段在一定程度上属于平稳的经济扩张时期。真正值得关注的是技术推广阶段转向发展阶段的期间，在佩蕾丝的分类中，该阶段占据了特殊地位并被称为“转折点”。技术推广阶段的最终部分，被称为过度乐观期待所导致的经济过剩与不均衡的不同形式。随着技术革命的推进，激进的人们相信一个全新的时代到来了。莱因哈特与罗戈夫用来表述这种精神的谚语——“这个时代独具个性”反映了全球发展进程。在此背景下，企业过度投资以及金融投机现象非常严重。一场撼动经济发展并驱使政治家重新调整制度体系的危机，已经是不可避免的了。双重运动的第二部分，现在已经纳入议事日程当中。

佩蕾丝理论中“转折点”的说法并不完善，其无法充分表述 20 世纪 30 年代大萧条时期的发展。从 1929 年到 1942 年的整个时期都可以划分到“转折点”这一范畴当中。后来，佩蕾丝对于大萧条为何在美国经济中持续如此之久感到疑惑。答案就是，由于资本主义者对社会主义持有恐惧心态的预设，富兰克林·罗斯福总统的新经济政策（罗斯福新政）在美国政治体制内受到普遍反对。当然，真实的原因是美国经济精英不想放弃有利可图的位置。直到第二次世界大战迫使美国重新考虑其立场，整个世界格局发生重大变化之后，这项政治冲突才偃旗息鼓。佩蕾丝明确了问题的关键。“第二次世界大战期间，美国吸取了军事工业复合体的合作经验，从而理解了资本家能够以互惠互利的关系，与承担了积极与平衡作用的强大政治体并存。”（Perez，2002，p.126）美国的经历与德国形成了鲜明对比。德国对基础设施与武器的大量投资，带来了 1933 年后的迅速复苏，而在这种情形下，民主则完全被置之于不顾。

始于 2008 年的当前危机，在很多方面类似于大萧条时期的应急预案。就像美国政府赤字问题以及欧洲国债问题所说明的，经济复苏在目前看来同样不是指日可待的。经济复苏无法实现的理由与 20 世纪 30 年代的理由类似。政治分歧阻碍了实体经济与财政部门必要的改革路径。然而，将战备作为可能出路的想法并没有什么价值。当然，有必要采取一些措施。或许约翰·梅纳德·凯恩斯在一场严重的经济萧条中期所提出的观点会提供一些启发，他指出：“我因此预想，具备一定综合性的社会化投资，将证明是确保充分就业的唯一手段，尽管我们不需排除任何形式的妥协和手段，这些将使政府部门与私人项目主动合作。”（John Maynard Keynes，1936，p.378）即使凯恩斯是对的，我们仍然要关注一个政治上的多数派以何种方式因循多种方式对投资进行社会化改革。

还有另一种记录资本主义发展史的方式。这种方式与仍在进行的资本主义全球化发展密切相关。因而其核心问题就是，基于各异的文化和历史，各个国家的资本主义引入过程是否会带来资本主义的多元化。此外，如果存在这种多元化，随着暂时后进国家达到了富裕经济体的福利水平之后，是否存在不断消解这些差异的可能性?

正如之前所发现的那样，在英国发生了工业革命。基于诸多（主要是政治层面的）原因，欧洲大陆国家与美国通过多年努力试图仿效和赶超英国。众所周知，在 1900 年前后英国被美国超越。在 19 世纪后半叶,欧洲大陆国家发展势头都非常迅猛。但是，两次世界大战使欧洲大陆国家与美国在劳动生产率方面拉开很大距离。因而第二次世界大战以后，欧洲大陆国家展现出强大的赶超潜力。由于既有体制的运转处于相互合作与相互信任的环境，这项潜力能够有效地成为现实。工会、雇主机构和政府则在为实现充分发展和高效经济增长而通力协作。

在霍尔和索斯凯斯看来，在欧洲大陆确立下来的一种独特的资本主义多元化，可以被称为协调型市场经济。与之相对应的是盛行于盎格鲁 – 撒克逊国家的自由市场经济。其他学者将协调型市场经济称为莱茵模式，与盎格鲁 – 撒克逊模式相对应。莱茵模式的一个特性就是对收入和财富再分配的重视。艾莱辛那和格莱泽从政治角度诠释了欧洲国家和美国对于再分配问题的差别。第一次世界大战后欧洲国家的政治动乱使社会党与工会有机会获取政治权力，并在福利国家建设当中留下它们的印记。

经济赶超的过程具有自我制约性，而且欧洲国家基本上已经缩小了与美国之间的差距。许多经济学家认为在这个时间点上，应当依据时势调整制度从而避免经济走向僵化。按照阿西莫格鲁等学者的说法，欧洲国家已经完成了以投资策略为基础转向以创新策略为基础的制度转型。然而在代议制民主语境下，使多数人投票支持这种急剧变革并不那么简单。况且目前尚不清楚上述观点是意味着协调型市场经济应当严格完善地转变为自由市场经济，还是这种经过调试以培育创新为宗旨的制度，构成了调节过程的组成部分。通过考察 1870 年到 1940 年的发展尤其会产生这种疑虑。美国和德国这两大主导经济体，在这期间内的工业化进程异常迅猛，但却遵循各自不同的模式，就像钱德勒表述的那样："这两个国家的根本区别，在于美国的工业领袖继续为了市场份额，从功能性与策略性层面展开竞争，而在德国，他们更倾向于为了维系本国以及与某些他国的市场份额开展经济合作。美国的管理性资本主义更具竞争性，在德国则变得更具有合作性。"（Chandler，1990，p.12）

世界其他国家和地区的发展势头良莠不齐。20 世纪的首要图景是除所谓"亚洲四小龙"以外的一种经济差异化。上述国家和地区基于多方面的政府支持而实现了经济的高增长率，比如，通过贴息贷款或者投资税收优惠等。在麦克米伦和罗德里克看来，自 20 世纪 90 年代早期以来，发展中国家已经更加充分地融入世界经济发展潮流中。因而，许多国家在鲍莫尔和沃尔夫所谓的金砖国家带领下加入"俱乐部趋同"。伍尔德里奇认为它们是"近年来世界经济最大的变革之一”。（Wooldridge，2012，p.17）在这种多元化资本主义体制下，政府在经济发展中的作用不容小觑，而且国家也拥有一些或者很多企业。因而，政治统治者掌控的权力远远大于传统的资本主义多元化语境下的相关权力。他们能够重构整个工业体制并处置相应的工业资本。

有些国家距离高精尖技术发展的前沿还有一段距离，但就像欧洲那样，对于很多观察家来说主要的问题是：当处于高端技术前沿的国家的创新要求试验自由的时候，如何保持充足的动力?在这一点上，国家主导的创新有时受到质疑。

当然，对于技术革新要求市场自由运作的观点，是有经验证据支持的。当制度有利于挑战者时，技术革命就会产生并消除当下市场中的主流竞争者。即使这是真的，也不难想象当政者会在管理资本过程中意识到这个问题。在导控性资本主义的情境下，国家决定经济发展的策略，并为企业的试验与创新留下充足的空间。或许凯恩斯在前文表现了类似的观点。而且，相对于纯粹的代议制民主，在定向资本主义下的民主决策会沿着多条路线推进。为了详尽阐明这种观点，萨贝尔与泽特林的研究或许能够带来启发。通过诉诸欧盟的经验，他们引入了一个“商议式民主”的概念，决策的做出建立在技术精英（公务员、科学家、利益团体代表）之间的商谈基础之上。在比例代表制被视为民主决策的关键前提时，上述商议进程就值得商榷了。然而在萨贝尔与泽特林的试验性规划中，信息的透明度、动态的问责制和同行评议应当通过社会化进程确保达成共识。萨贝尔与泽特林承认“对这种新的治理架构进行全方位和民主化的论证，将在政治理论中构成独立的项目”，但其会暂时“通过为最终民主建构扫清障碍的路径，动摇根深蒂固的传统”。（Sabel and Zeitlin，2007，p.46）关于“投资社会化”与“商议式民主”的理念，为在动态稳定与坚持创新体制方向上改革资本主义开拓了道路。

随着金砖国家在经济发展上的聚集，世界政治和军事力量的分配格局将发生变化。与此同时，一系列重要的问题必须要在全球范围内予以解决。跨境贸易，可能会带来基于各异的不公平竞争理念的问题。资本的国际流动必须管制。对自然资源需求的日益提高，可能会导致地区冲突，而气候变化问题应当从国际层面予以应对。考虑到参与国之间的重大差异，罗德里克建议，有必要选择特定形式的“理智的全球化”。理智的全球化由一套简单、透明并得到普遍认同的规则所组成。这些规则协调不同类型国家之间的多样化经济活动。在这种环境下，各个国家拥有足够空间来实现其目标并维护其制度，同时也为世界经济下不同国家的和平合作提供了平台。

理智的全球化并不排斥区域经济一体化。假如，如果欧洲希望在未来成为全球参与者，欧洲一体化似乎是必需的前提条件。目前实现支持经济一体化的政治联盟的困难，是难以克服的。因此对于全球化治理存疑的罗德里克在总结关于欧洲境况时指出：“全球化治理，充其量也只是检验规则的例外。”（Rodrik，2011a，p.220）

参考文献

Abramovitz, Moses (1986), 'Catching up, forging ahead, and falling behind', *Journal of Economic History*, **46**, 285–406.

Acemoglu, Daron (2009), *Introduction to Modern Economic Growth*, Princeton and Oxford: Princeton University Press.

Acemoglu, Daron, Philippe Aghion and Fabrizio Zilibotti (2006), 'Distance to frontier, selection and economic growth', *Journal of the European Economic Association*, **4** (1), 37–74.

Acemoglu, Daron, Simon Johnson and James Robinson (2005), 'Institutions as a fundamental cause of long-run growth', in Phillipe Aghion and Steven Durlauf (eds), *Handbook of Economic Growth*, Volume IA, Amsterdam: Elsevier, pp. 385–554.

Acemoglu, Daron, Simon Johnson, James Robinson and Pierre Yared (2008), 'Income and democracy', *American Economic Review*, **98** (3), 808–42.

Acemoglu, Daron and James Robinson (2008), 'Persistence of power, elites, and institutions', *American Economic Review*, **98** (1), 267–93.

Akkermans, Dirk, Carolina Castaldi and Bart Los (2009), 'Do "liberal market economies" really innovate more radically than "coordinated market economics"? Hall & Soskice reconsidered', *Research Policy*, **38** (1), 181–91.

Albert, Michel (1991), *Capitalism contre capitalism*, Paris: Seuil.

Allen, Robert (2011), 'Why the industrial revolution was British: commerce induced invention, and the scientific revolution', *Economic History Review*, **64** (2), 357–84.

Alesina, Alberto and Edward Glaeser (2004), *Fighting Poverty in the US and Europe. A World of Difference*, Oxford: Oxford University Press.

Alesina, Alberto, Edward Glaeser and Bruce Sacerdote (2001), 'Why doesn't the US have a European-style welfare state?', *Brookings Papers on Economic Activity*, **32** (2), 187–278.

Baumol, William and Edward Wolff (1988), 'Productivity growth, convergence and welfare: Reply', *American Economic Review*, **78**, 1155–9.

Bénabou, Roland and Jean Tirole (2006), 'Belief in a just world and redistributive politics', *Quarterly Journal of Economics*, **121**, 699–746.

Blaug, Mark (1962), *Economic Theory in Retrospect*, Homewood, Illinois: Richard Irwin.

Block, Fred (2001), 'Introduction', in Karl Polanyi, *Great Transformation*, 2001 edition, Boston: Beacon Press, pp. XVIII–XXXVIII.

Block, Fred (2003), 'Karl Polanyi and the writing of *The Great Transformation*', *Theory and Society*, **32**, 275–306.

Bosworth, Barry and Susan Collins (2003), 'The empirics of growth: an update', *Brookings Papers on Economic Activity*, **34**, 113–206.

Bourguignon, François and Thierry Verdier (2010), 'The simple analytics of elite behaviour under limited state capacity', UNU-WIDER, Working Paper No. 2010/104.

Broadberry, Stephen, Giovanni Federico and Alexander Klein (2010), 'Sectoral developments, 1870–1914', in Stephen Broadberry and Kevin O'Rourke (eds), *The Cambridge Economic History of Modern Europe, Volume 2: 1870 to the Present*, Cambridge: Cambridge University Press, pp. 59–83.

Canova, Fabio (2004), 'Testing for convergence clubs in income per capita: a predictive density approach', *International Economic Review*, **45**, 49–77.

Canzoneri, Matthew and Dale Henderson (1991), *Monetary Policy in Interdependent Economies. A Game-Theoretic Approach*, Cambridge, Massachusetts: The MIT Press.

Chandler, Alfred O. Jr. (1990), *Scale and Scope, The Dynamics of Industrial Capitalism*, Cambridge, Massachusetts: Belknap Press.

Chatterji, Monojit (1992), 'Convergence clubs and endogenous growth', *Oxford Review of Economic Policy*, **8**, 57–69.

Chenery, Hollis, Sherman Robinson and Moshe Syrquin (eds) (1986), *Industrialization and Growth: A Comparative Study*, New York: Oxford University Press, for the World Bank.

Chenery, Hollis and Moshe Syrquin (1975), *Patterns of Development, 1950–1970*, London: Oxford University Press.

Clark, Gregory (2005), 'The condition of the working class in England, 1209–2004', *Journal of Political Economy*, **113**, 1307–40.

Conference Board (2011), *Global Economic Outlook 2011*, http://www.conference-board.org/data/globaloutlook.cfm (accessed 4 October 2011).

David, Paul and Theo van de Klundert (1965), 'Biased efficiency growth and capital-labor substitution in the US, 1899–1960', *American Economic Review*, **55**, 357–94.

Dawley, Alan (2005), 'The arbortive rule of big money', in Steve Fraser and Gary Gerstle (eds), *Ruling America: A History of Wealth and Power in a Democracy*, Cambridge, Massachusetts: Harvard University Press, pp. 149–180.

DeLong, J. Bradford (2001), 'The convergence club', http://www.j-bradford-delong.net/ (accessed 26 September 2011).
Djankov, Simeon, Edward Glaeser, Rafael La Porla, Florencio Lopez-de-Silanes and Andrei Shleifer (2003), 'The new comparative economics', *Journal of Comparative Economics*, **31**, 595–619.
Dowrick, Steve and J. Bradford DeLong (2003), 'Globalization and convergence', in Michael Bordo, Alan Taylor and Jeffrey Williamson (eds), *Globalization in Historical Perspective*, Chicago: University of Chicago Press, pp. 191–226.
Eichengreen, Barry (2007), *The European Economy since 1945. Coordinated Capitalism and Beyond*, Princeton: Princeton University Press.
Eichengreen, Barry (2011), 'European monetary integration with benefit of hindsight', *CPB Lecture* 2011, The Hague: Centraal Planbureau.
Eichengreen, Barry, Donghyun Park and Kwanho Shin (2012), 'When fast growing economies slow down. International evidence and implications for China', *Asian Economic Papers*, **11** (1), 42–87.
Emmott, Bill (2003), 'Pro-market, not pro-business', Special report: Capitalism and democracy, *The Economist*, 26 June, 1–8.
Evans, Alex (2010), 'Resources scarcity, climate change and the risk of violent conflict', *World Development Report 2011*, Background Paper.
Field, Alexander (2003), 'The most technologically progressive decade of the century', *American Economic Review*, **93**, 1399–1413.
Fourastié, Jean (1949), *Le grand espoir de XXe siècle: progrès tecnhnique, progrès économique, progrès social*, Paris: Presses Universitaire de France.
Fraser, Steve (2009), *Steve Fraser on the Crisis of Capitalism*, http://www.truthdig.com/arts_culture/item/20091105_steve_fraser_on_the_crisis_of_capitalism/ (accessed 8 February 2010).
Fraser, Steve and Gary Gerstle (2005), 'Introduction', in Steve Fraser and Gary Gerstle (eds), *Ruling America: A History of Wealth and Power in a Democracy*, Cambridge, Massachusetts: Harvard University Press, pp. 1–26.
Freeman, Chris and Francisco Louçã (2001), *As Time Goes By. From the Industrial Revolutions to the Information Revolution*, Oxford: Oxford University Press.
Friedman, Daniel (2008), *Morals and Markets. An Evolutionary Account of the Modern World*, New York: Palgrave McMillan.
Friedman, Thomas (2000), *The Lexus and the Olive Tree*, New York: Anchor Books.
Galbraith, John Kenneth (2004), *The Economics of Innocent Fraud*, Boston and New York: Houghton Mifflin Books.

Gelderen, Jacob van (1913), 'Springvloed: Beschouwingen over industrieele ontwikkeling en prijsbeweging' (Spring tides of industrial development and price movements), *De nieuwe tijd*, **18**, 253–77, 369–84, 445–64.

Gemert, Henk van (1987), 'Structural change in OECD countries', *De Economist*, **135**, 29–51.

Gerschenkron, Alexander (1962), 'The approach to European industrialization: a postscript', in Alexander Gerschenkron, *Economic Backwardness in Historical Perspective*, Cambridge, Massachusetts: Belknap Press, pp. 353–64.

Glaeser, Edward (2005), 'Inequality', *NBER* Working Paper 11511.

Glyn, Andrew (2006), *Capitalism Unleashed. Finance, Globalization and Welfare*, Oxford: Oxford University Press.

Goodwin, Robert (1967), 'A growth cycle', in Charles Feinstein (ed.), *Socialism, Capitalism and Economic Growth, Essays Presented to Maurice Dobb*, Cambridge: Cambridge University Press, pp. 54–8.

Greif, Avner (1989), 'Reputation and coalitions in medieval trade: evidence on the Maghribi traders', *Journal of Economic History*, **XLIX**, 857–82.

Greif, Avner (1993), 'Contract enforceability and economic institutions in early trade: the Maghribi traders coalition', *American Economic Review*, **83**, 525–42.

Greif, Avner (2005), 'Commitment, coercion, and markets: the nature and dynamics of institutions supporting exchange', in Claude Ménard and Mary Shirley (eds), *Handbook of New Institutional Economics*, Dordrecht: Springer, pp. 727–86.

Greif, Avner (2008), 'Coercion and exchange: how did markets evolve?', Stanford University. Paper prepared for a *Research Symposium on Property Rights Economics and Innovation*, organized by the Searle Center on Law, Regulation, and Economic Growth, Northwestern University.

Grossman, Gene and Elhanan Helpman (1991), *Innovation and Growth in the Global Economy*, Cambridge, Massachusetts: MIT Press.

Grossman, Herschel (2002), '"Make us a king": anarchy, predation, and the state', *European Journal of Political Economy*, **18** (1), 31–46.

Hall, Peter and Daniel Gingerich (2004), 'Varieties of capitalism and institutional complementaries in the macroeconomy. An empirical analysis', *Max-Planck-Institut für Gesellschaftsforschung*, Discussion Paper 04/5.

Hall, Peter and David Soskice (2001), 'An introduction to varieties of capitalism', in Peter Hall and David Soskice (eds), *Varieties of Capitalism: The Institutional Foundations of Comparative Advantage*, Oxford: Oxford University Press, pp. 1–70.

Helpman, Elhanan and Manuel Trajtenberg (1998), 'A time to sow and a time to reap: growth based on general purpose technologies', in Elhanan Helpman (ed.), *General Purpose Technologies and Economic Growth*, Cambridge, Massachusetts: MIT Press, pp. 55–83.

Hobbes, Thomas (1651), *Leviathan, or the Matter, Forme & Power of a Commonwealth Ecclesiastical and Civill.* Republication: Thomas Hobbes (1985), *Leviathan*, London: Penguin Classics.

Hollingsworth, Rogers (2011), 'Comment on "the complex economic organization of capitalist economies" by Richard Nelson', *Capitalism and Society*, **6**, Article 5.

Holz, Carsten (2008), 'China's economic growth 1978–2025: what we know today about China's economic growth tomorrow', *World Development*, **36**, 1665–91.

Hsieh, Chang-Tai and Peter Klenow (2009), 'Misallocation and manufacturing TFP in China and India', *Quarterly Journal of Economics*, **124**, 1403–48.

Iizuka, Michiko and Luc Soete (2011), 'Catching up in the 21st century: globalization, knowledge and capabilities in Latin America, a case for natural resource based activities', *UNU-MERIT*, Working Paper Series, 2011–071.

Iversen, Torben (2006), 'Capitalism and democracy', in B. Weingast and D. Wittman (eds), *The Oxford Handbook of Political Economy*, Oxford: Oxford University Press, pp. 601–23.

Jacques, Martin (2009), *When China Rules the World. The Rise of the Middle Kingdom and the End of the Western World*, London: Allen Lane.

Keen, Steve (1995), 'Finance and economic breakdown: modeling Minsky's "financial instability hypothesis"', *Journal of Post Keynesian Economics*, **17**, 607–35.

Keen, Steve (2009a), 'Household debt: the final stage in an artificially extended Ponzi bubble', *Australian Economic Review*, **42**, 347–57.

Keen, Steve (2009b), 'Bailing out the Titanic with a thimble', *Economic Analysis and Policy*, **39**, 3–24.

Keynes, John Maynard (1936), *The General Theory of Employment, Interest and Money*, London: MacMillan & Co.

Klundert, Theo van de (1961), 'Het tijdselement in de theorie van het partiële oligopolie' (The time dimension in the theory of partial oligopoly), *Maandschrift Economie*, **26**, 82–96.

Klundert, Theo van de (2010), 'On the determinants of institutional design', *European Journal of Political Economy*, **26**, 167–75.

Klundert, Theo van de and Ton van Schaik (1996), 'On the historical continuity of the process of economic growth', in Bart van

Ark and Nicolas Crafts (eds), *Quantitative Aspects of Post-War European Economic Growth*, Cambridge: Cambridge University Press, pp. 388–414.

Klundert, Theo van de and Sjak Smulders (1996), 'North-south knowledge spillovers and competition: convergence versus divergence', *Journal of Development Economics*, **50**, 213–32.

Kondratieff, Nikolai (1926), 'Die langen Wellen der Konjunktur', *Archiv für Sozial-wissenschaft und Sozialpolitik*, **56**, 573–609.

Korotayev, Andrey and Sergey Tsirel (2010), 'A spectral analysis of world GDP dynamics: Kondratieff waves, Kuznets swings, Juglar and Kitchin Cycles in global economic development, and the 2008–2009 economic crisis', *Structure and Dynamics: eJournal of Anthropological and Related Sciences UC Irvine*, **4** (1), 1–55.

Laffer, Arthur (2004), 'The Laffer curve, past, present and future', The Heritage Foundation, Background Report 1763.

Landes, David (1998), *The Wealth and Poverty of Nations. Why Some Are So Rich and Some So Poor*, London: Abacus.

Lind, Michael (2005), 'Conservative elites and the counterrevolution against the new deal', in Steve Fraser and Gary Gerstle (eds), *Ruling America: A History of Wealth and Power in a Democracy*, Cambridge, Massachusetts: Harvard University Press, pp. 250–85.

Lindert, Peter (2004), *Growing Public. Social Spending and Economic Growth since the Eighteenth Century: Volume I, The Story, Volume II, Further Evidence*, Cambridge: Cambridge University Press.

Lipsey, Richard, Kenneth Carlaw and Clifford Bekar (2005), *Economic Transformations, General Purpose Technologies and Long Term Economic Growth*, Oxford: Oxford University Press.

Maddison, Angus (1995), *Monitoring the World Economy 1820–1992*, Paris: OECD.

Marshall, Alfred (1890), *Principles of Economics. An introductory volume*, Basingstoke: MacMillan.

McMillan, Margaret and Dani Rodrik (2011), 'Globalization, structural change and productivity growth', *NBER* Working Paper 17143.

McNally, Christopher (2011), 'China's changing *Guanxi* capitalism: private entrepreneurs between Leninist control and relentless accumulation', *Business and Politics*, **13**, Article 5.

Milgrom, Paul, Douglass North and Barry Weingast (1990), 'The role of institutions in the revival of trade: the law merchant, private judges, and the champagne fairs', *Economics and Politics*, **2**, 1–23.

Minsky, Hyman (1964), 'Longer waves in financial relations: financial factors in the more severe depressions', *American Economic Review*, **54**, 324–35.

Minsky, Hyman (1982), *Inflation, Recession, and Economic Policy*, Brighton: Wheatsheaf Books.

Minsky, Hyman (1995), 'Longer waves in financial relations: financial factors in the more severe depressions II', *Journal of Economic Issues*, **XXIX**, 83–96.

Mokyr, Joel (1990), *The Lever of Riches. Technological Creativity and Economic Progress*, Oxford: Oxford University Press.

Nelson, Richard (2011), 'The complex economic organization of capitalist economies', *Capitalism and Society*, **6**, Article 2.

North, Douglass (1990), *Institutions, Institutional Change and Economic Performance*, Cambridge: Cambridge University Press.

North, Douglass and Robert Paul Thomas (1973), *The Rise of the Western World. A New Economic History*, Cambridge: Cambridge University Press.

North, Douglass, John Wallis and Barry Weingast (2006), 'A conceptual framework for interpreting recorded human history', *NBER*, Working Paper 12795.

North, Douglass, John Wallis and Barry Weingast (2009), *Violence and Social Orders. A Conceptual Framework for Interpreting Recorded Human History*, Cambridge: Cambridge University Press.

North, Douglass and Barry Weingast (1989), 'Constitutions and commitment: the evolution of institutions governing public choice in seventeenth-century England', *Journal of Economic History*, **XLIX**, 803–32.

Olson, Mancur (1982), *The Rise and Decline of Nations. Economic Growth, Stagflation, and Social Rigidities*, New Haven: Yale University Press.

O'Sullivan, John (2011), 'A game of catch-up', Special report: The World Economy, *The Economist*, 24 September 2011, 3–8.

Papenhausen, Chris (2007), 'Long waves of economic development and their causal mechanisms', Druid Summer Conference, Copenhagen.

Perez, Carlota (2002), *Technological Revolutions and Financial Capital. The Dynamics of Bubbles and Golden Ages*, Cheltenham, UK and Northampton, MA, USA: Edward Elgar Publishing.

Perez, Carlota (2009), 'The double bubble at the turn of the century: technological roots and structural implications', *Cambridge Journal of Economics*, **33**, 779–805.

Perez, Carlota (2010), 'The financial crisis and the future of innovation: a view of technical change with the aid of history', Working Papers in Technology Governance and Economic Dynamics, no. 28, *Tallinn University of Technology*, Tallinn.

Perlman, Michael (2011), 'Retrospective X-efficiency', *Journal of Economic Perspective*, **52**, 211–22.

Persson, Karl Gunnar (2010), *An Economic History of Europe. Knowledge, Institutions and Growth, 600 to the Present*, Cambridge: Cambridge University Press.
Phillips, Kevin (2002), *Wealth and Democracy. A Political History of the American Rich*, New York: Broadway Books.
Polanyi, Karl (1944), *The Great Transformation. The Political and Economic Origins of Our Time*, Boston: Beacon Press.
Prados de la Escosura, Leandro (2005), 'Gerschenkron revisited. European patterns of development in historical perspective', Universidad Carlos III De Madrid, Working Paper 05–79 (10).
Qian, Wen-yuan (1985), *The Great Inertia: Scientific Stagnation in Traditional China*, Beckenham, Kent: Croom Helm.
Reich, Robert (2007), *Supercapitalism, The Transformation of Business, Democracy and Everyday Life*, New York: Alfred A. Knopf.
Reinhart, Carmen and Kenneth Rogoff (2008), 'Banking crises: an equal opportunity menace', *NBER*, Working Paper 14587.
Reinhart, Carmen M. and Kenneth Rogoff (2011), 'From financial crash to debt crisis', *American Economic Review*, **101** (5), 1676–1706.
Ridder, Peter de (2011), 'De eurozone in crises', *Economisch Statistische Berichten* (ESB), **96**, 762–65.
Rodrik, Dani (2011a), *The Globalization Paradox: Why Global Markets, States, and Democracy Can't Coexist*, Oxford: Oxford University Press.
Rodrik, Dani (2011b), 'The future of convergence', Harvard University, Paper prepared for the *2011 Jackson Hole Symposium of the Federal Reserve Bank of Kansas City*, 25–27 August, 2011.
Romer, Paul (1986), 'Increasing returns and long-run growth', *Journal of Political Economy*, **94**, 1002–27.
Rosenberg, Nathan (1994), *Exploring the Black Box. Technology, Economics, and History*, Cambridge: Cambridge University Press.
Rowthorn, Robert and Ramana Ramaswamy (1999), 'Growth, trade and deindustrialization', *IMF Staff Papers*, **46** (1), 18–41.
Ruggie, John (1982), 'International regimes, transactions, and change: embedded liberalism in the postwar economic order', *International Organization*, **36**, 379–415.
Sabel, Charles and Jonathan Zeitlin (2007), 'Learning from difference: the new architecture of experimentalist governance in the European Union', *European Governance Papers (EUROGOV)*, No. C–07–02.
Sachs, Jeffrey and Andrew Warner (1995), 'Economic reform and the process of global integration', *Brookings Papers on Economic Activity I: 1995*, 1–96.
Sala-i-Martin, Xavier (2006), 'The world distribution of income: falling

poverty and . . . convergence, period', *Quarterly Journal of Economics*, **121**, 351–97.
Schaik, Ton van and Henri de Groot (1996), 'Phases of economic growth and industrial structure', Tilburg University, Department of Economics, January 1996.
Schaik, Ton van and Theo van de Klundert (2013), 'Employment protection legislation and catching-up', *Applied Economics*, **45** (8), 973–81.
Schlesinger, Arthur. Jr. (1986), *The Cycles of American History*, Boston: Houghton Mifflin.
Schumpeter, Joseph (1912), *Theorie der wirtschaflichen Entwicklung*, Leipzig: Dunckner and Humblot.
Schumpeter, Joseph (1939), *Business Cycles*, Philadelphia: Porcupine Press.
Schumpeter, Joseph (1942), *Capitalism, Socialism and Democracy*, New York: Harper and Row.
Sinn, Hans-Werner (2011), 'How to rescue the euro: ten commandments', *VOX*, http://www.voxeu.org/article/how-rescue-euro-ten-commandments (accessed 27 January 2012).
Sinn, Hans-Werner and Timo Wollmershaeuser (2011), 'Target loans, current account balances and capital flows: the ECB's rescue facility', *NBER*, Working paper 17626.
Skidelsky, Robert (2009), *The Return of the Master. Why, sixty years after his death John Maynard Keynes is still the most important thinker in the World*, London: Allen Lane.
Smulders, Sjak and Theo van de Klundert (1995), 'Imperfect competition, concentration and growth', *European Economic Review*, **39**, 139–160.
Smulders, Sjak and Theo van de Klundert (2004), 'Monopolistic competition and economic growth', in Steven Brakman and Ben Heijdra (eds), *The Monopolistic Competition Revolution in Retrospect*, Cambridge: Cambridge University Press, pp. 307–31.
Solow, Robert (1956), 'A contribution to the theory of economic growth', *Quarterly Journal of Economics*, **70**, 65–94.
Spufford, Peter (2002), *Power and Profit. The Merchant in Medieval Europe*, New York: Thames & Hudson.
Swan, Trevor (1956), 'Economic growth and capital accumulation', *Economic Record*, **32**, 334–61.
Syrquin, Moshe (1988), 'Patterns of structural change', in Hollis Chenery and T.N. Srinivasan (eds), *Handbook of Development Economics*, Vol. I, Amsterdam: Elsevier, pp. 205–68.
Tabellini, Guido (2010), 'Culture and institutions: economic development in the regions of Europe', *Journal of the European Economic Association*, **8** (4), 677–716.

Temin, Peter (2010), 'The Great Recession and the Great Depression', *NBER*, Working Paper 15645.

Visser, Hans (2010), 'Minsky, Fisher and the credit crisis', *Kwartaalschrift Economie*, **7**, 555–66.

Weil, David (2005), *Economic Growth*, Boston: Addison Wesley.

Wersching, Klaus (2010), 'Schumpeterian competition, technological regimes and learning through knowledge spillover', *Journal of Economic Behavior and Organization*, **75**, 482–93.

Wolff, Salomon de (1924), 'Prosperitäts- und depressionsperioden', in O. Jenssen (ed.), *Den Lebendige Marxismus*, Jena: Thüringen Verlagsanstalt, pp. 13–43.

Wooldridge, Adrian (2012), 'The visible hand', Special report: State capitalism, *The Economist*, 21 January 2012, pp. 3–18.

World Value Survey (1995), World Value Surveys Association.

Wright, Gavin and Jesse Czelusta (2004), 'The myth of resource curse', *Challenge*, **47**, 6–38.